SHODENSHA SHINSHO

なぜ韓国は、パチンコを全廃できたのか

若宮 健

JN283908

祥伝社新書

はじめに

韓国がパチンコを禁止したのを、日本では筆者が初めてリポートしたが、それを報道した日本のマスコミはない。筆者のリポートが最初である。

韓国以上に被害が大きい日本で、なぜ違法な状態のままでパチンコが長年放置され続けているのか、素朴な疑問が消えることはない。それどころか、日本では国会議員が超党派でパチンコの換金を合法化しようとする動きが報じられている。日本の政治家は、パチンコの被害に目を瞑《つむ》り、国民に不幸をもたらしているパチンコを法律で合法化しようとしているのである。

この現実を、日本人も真摯《しんし》に受け止める必要がある。パチンコの問題に、この国の政治、行政、マスコミの病根が凝縮されている。一言でいえば、「数千人の莫大な利益のために、数百万人を泣かせる行為」が、パチンコなのである。この国では、一部の人間の利益のために、法的には違法なバクチが、長年放置されてきたのだ。

日本のマスコミは、パチンコ依存症による犯罪が多発しても、ほとんど問題にすることはない。日本の新聞で、パチンコ業界を批判する記事は、ほとんど見ることはない。パチンコ業界から、多大な広告費で恩恵を得ているためかどうかは知らないが、韓国では、新聞が社説でパチンコの問題を痛烈に批判したのを嚆矢《こうし》としてパチンコ反対の気運が盛り上がり、全廃にまで漕ぎつけたのとは、好対象である。

この違いはなんなのか、今の日本は、世界のどこの国よりも金銭がすべての国になっている。金銭の臭いのするところには、それがどんな類《たぐい》の金であろうと、政治家を筆頭に、警察、官僚、マスコミまで、我も我もと群がる。

韓国は、なぜパチンコを禁止できたかを検証したくて、ここ数年、何度も韓国を訪れた。その度に、日本の救いようのない状況が浮かび上がってくるばかりであった。日本では、パチンコによる悲惨な事件、事故が多発しても、政治家を筆頭に、マスコミも官僚も、われ関せずを通している。つまり、政治家は政治家の、官僚は官僚の、マスコミはマスコミの、果たすべき役割を、当たり前に果たしているのだろうか。そんな疑問が次々と湧いて出て、尽きることがない。

筆者は、骨の髄《ずい》まで日本人だから日本が好きだが、心よりも金銭を重視する日本という国は、このまま国家として存続できるのか、という危機感を禁じ得ない。こんな著者の問いかけに、賛同してくださる読者が一人でも多くいれば、嬉しく思う。

最後に、ソウルで、真心溢《あふ》れるご協力をいただきました産経新聞社ソウル支局長、黒田勝弘氏に厚くお礼申し上げます。

平成二十二年十一月十五日

若宮《わかみや》　健《けん》

目次

一章　なぜ韓国は、パチンコを全廃できたのか

二章　なぜパチンコは、廃止されねばならないのか

三章　なぜ日本は、パチンコを廃止できないのか

一章　なぜ韓国は、パチンコを全廃できたのか

韓国のパチンコ全廃を報じなかった日本のマスコミ

村上春樹《むらかみはるき》氏の『1Q84』3（新潮社）に、次のような記述がある。

「（大麻が）依存症になるから危険だと司法当局は主張しているけど、ほとんどこじつけだね。そんなこと言ったらパチンコのほうがよほど危険だ」

作者の村上春樹氏は、パチンコの危険性をよく理解しておられる。大麻は医学的には害がないといわれているが、日本では吸うと逮捕される。

その反面、ドラッグよりも大麻よりも依存性が危険なパチンコは、放置され続けている。筆者は、パチンコ依存症の危険性をことあるごとに訴えてきた。

二〇〇七年六月末、たまたま韓国のパチンコ事情を取材するために訪韓して、前年に韓国がパチンコを禁止したことを初めて知った。

韓国では二〇〇六年八月、パチンコによる依存症の危険性を認識して禁止に踏み切ったのである。禁止になる前は、認可を受けた店だけでも全国で一万五〇〇〇軒はあった。無許可の店を入れると、二万軒はあったという説もある。

釜山《プサン》の南浦洞《ナムポドン》や西面《ソミヨン》といった繁華街では、道路の両側にパチンコ店がズラッと並んでいたという。認可を受けた店だけでも、ソウルで約二三〇〇店、釜山で約一〇〇〇店はあったという。

店の形態は、「メダルチギ（パチンコ）」を置いたゲームセンターという位置づけであった。最初は許可制であったが、あまり増えるので、後に認可制になったのである。

認可制に移行したのは、〇五年三月であった。人口が日本の半分以下の国で、日本と同じぐらいの店の数があったのである。店の規模は、日本よりも小さい店がほとんどで、設置台数は四〇台から、多くても一〇〇台くらいの店が多かった。

それらが、〇六年にすべてなくなったのである。その時点で、それを報じた日本の新聞、メディアは、筆者の知るかぎり皆無だった。

帰国してから、それを筆者のホームページ「若宮健リポート」で報告すると、多くの反響があった。それだけ国民は、日本の政治家やマスコミの、パチンコの問題に対する緩《ゆる》い姿勢に疑問を感じていたのである。

東洋の島国で、日本の常識が世界の非常識とされる現実が、あまりにも多い。それは、政治家や経済人の思い上がりが強く、経済大国を維持するために、国民の生活も命も、すべて犠牲にされ続けてきたからである。

タクシードライバー、キム氏の話

二〇一〇年に入って、六月と七月、二度韓国を訪れた。ここ三年間で、四回訪韓したことになる。

ソウルで、「日本語タクシー」を呼んでもらった。

日本語タクシーとは、日本語を話せる個人タクシーのことである。これが最近増えている。貸切り四時間で五万ウォン、日本円で約五〇〇〇円。別に「模範タクシー」というのもある。これは、日本のハイヤーのようなものである。

その「日本語タクシー」のドライバーであるキムさんが、たまたま、かつてのパチンコ愛好家であったことは幸運だった。ソウルの街で、パチンコ好きだった人を探すのは大変なことである。というのは、日本と違い、韓国ではパチンコの全盛期でも、パチンコ好きであることを隠すのが普通だったからだ。禁止されてから何年も経っていては、なおさらである。ちなみに韓国では「パチンコ」とはいわず、「メダルチギ」

といった。

キムさんは、上背が一八〇センチを超えていて、浅黒い不敵な風貌は、元極道《ごくどう》を連想させた。日本に二年ぐらいいて、裏カジノの仕事をしていたという。カジノと言っても、一時流行《はや》った違法ゲーム機のことのようであった。盛岡《もりおか》でやっていたという。なぜ盛岡なのかというと、首都圏よりも取締りが厳しくなかったからだという。

韓国に戻ってから、約四年間、すっかりパチンコにはまった。トータルでは日本円にして一五〇〇万円は負けたという。

個人タクシーは、自営業と同じなので日銭《ひぜに》が入る。その気になれば、毎日でもパチンコに行けるのである。時には、朝まで打って仕事を休んだこともあったという。

このままでは、取り返しがつかなくなると思い始めたころに、パチンコが禁止になった。

キムさんは、正直助かったと今では当局に感謝している、あのまま続けていたらと思うと、ぞっとすると正直に語ってくれた。

ソウルの中心部から少し離れた所では、道路を挟んで両側にズラッとパチンコ店が並んでいたという。その地区に、タクシーで訪れてみたが、今ではほとんどが一杯飲み屋に変わっていた。

それにしても、道路を挟んで両側にパチンコ店が並ぶほど過熱していたのである。それぞれ、満員になるほど繁盛していた。韓国人は熱くなりやすい国民性を持っているので、過熱振りも尋常ではなかった。

二四時間営業なので、朝まで打つことも度々であった。キムさんの同業者で、サラ金に個人タクシーの権利を差し押さえられたのは、一人や二人ではないという。

日本のタクシードライバーも同じ傾向があるが、韓国のタクシードライバーもバクチが好きな人が多い。ソウルでも、パチンコ好きのドライバーが多かったと言う。

韓国人向けカジノ「江原《カンウォン》ランド」のその後

二〇〇三年に、韓国人向けのカジノもできた。それまでは、ソウルのカジノでは、パスポートの提示が義務付けられていたので、韓国の人はカジノには入れなかったのである。国民を、ギャンブル漬けにさせないようにしていた。

キムさんいわく、日本でもカジノの話があるようだが、日本でカジノは絶対にやるべきではない。カジノは、必ず国民を不幸にする、と。たしかに、パチンコを見ても分かることだが、日本ではパチンコも国民を不幸にしている。

実際に、政府の肝《きも》いりでカジノを備えた総合レジャー施設として「江原《カンウォン》ランド」がオープンしたのは、二〇〇三年の三月のことだった。しかし、その総合レジャー施設は、国民に幸せをもたらしただろうか。

「韓国速報」二〇〇八年十月十四日付の記事から紹介してみる。

「江原ランド」開場以後、カジノ関連自殺者と路上生活者、および詐欺・窃盗が毎年増加し、売春まで行なわれるなど、社会的副作用が深刻化していることが明らかになった。

十三日、ハンナラ党の林《イム》・東奎《ドンギュ》議員が発表した「江原ランド実態点検結果報告書」によれば、江原ランド開場以後、賭けの借金などを悲観して、施設地域で自殺した人が二五人に上った。

だが、この統計は遺書や周辺の聞き込み等で、自殺の原因が賭け借金などと明らかになった懸案に限定されたもので、実際の自殺者はもっといると推定される。

また「江原ランド」周辺には、賭けで財産を使い果たして、賭博場周辺で座席売買・代理ゲームなどで一日を生活する「カジノ路上生活者」が次第に増加し、現在二〇〇〇人程度がこういう生活をしていると推定され、彼らの相当数が詐欺・窃盗など、各種犯罪の誘惑に晒《さら》されている。

彼ら路上生活者は、たいてい金がなくなれば、サウナなどに泊まり、五〜六人が共同で二〇万から三〇万ウォン（約二万円から三万円）程度の貸家を借りて生活する場合も度々ある状態だ。（中略）

はなはだしいのは、江原ランド入場料の五〇〇〇ウォン（約五〇〇円）で、簡単に売春をする女性もいるという噂まで出回る実情だ。

この報道を読むと、キムさんの言うとおり、日本でカジノはやるべきではないと思う。日本でも、国会議員たちがやろうとしているカジノについては、よく考えたほうがいい。

マカオやシンガポール、韓国に対抗して日本でカジノをやっても、事業として日本が勝てるわけがない。やる前から分かりきったことである。

玉は弾《はじ》かない韓国独特の「メダルチギ」

カジノはともかく、韓国のパチンコは、日本と違い、一人で二台も三台も掛け持ちして打つことができた。キムさんも、最高四台掛け持ちで打ったことがあるという。客が多いときでも、二台までは掛け持ちが許されていた。

当然、一度に掛け持ちして打つと、負けるときはその金額も大きくなる。

ただパチンコといっても日本のとは違い、玉は打たない。日本の中古パチンコ台を輸入して、盤面と液晶はそのままで、釘は根元から切断してある。韓国仕様に改造していたのである。

下のほうに紙幣の挿入口があって一万ウォン（約一〇〇〇円）を入れると、メダルが一〇〇枚出る。メダルを台の中央部に設けられた皿に流し込んでスタートボタンを押す。大当たりになると、玉の代わりに商品券が出る仕組みであった。

掛け持ちするときには、スタートボタンのところにライターなどを挟み込んでおけばいい。日本でも、スタートの取っ手にカードなどを挟んで腕組みして打っている客がいるが、それと同じだ。

四秒に一度、台の下部の薄いプラスチックケースの中にメダルが落ちる。メダルがスタートチャッカーをくぐれば、液晶が回る仕組みである。だから、液晶は常時回っていた。メダルがなくなるまで何もしなくてもいいから、何台も掛け持ちができたのである。

二四時間営業なので、台の前に座ったままで、飲み物も、食事も届けてくれた。だから、パチンコを打ちながら飲んだり食べたりして、時には朝まで打ったのである。

釘がないから、釘で出玉を調整することもなく、日本よりはフェアであったとされる。キムさんいわく、韓国では日本のような店側の八百長はなかったと言う。

キムさんの話によれば、日本で言うところの「打ち子」（一種のサクラのようなもの）も実際に存在したという。キムさんの知人が、割のよいアルバイトがあるといわれてやったことは、平均八時間パチンコをして、およそ二時間ごとに「フィーバー」と叫んで大当たりで他の客を煽《あお》り、一日八時間で五万ウォン（約五〇〇〇円）を手にした。

その方法は、機械を操作して大当たりにしたり、電話を通じて行なう方法や、カウンターの下のボタンを押す方法、直接機械を取り外して勝率を操作する方法があったと言う。日本の「打ち子」よりは原始的なやり方である。

日本の場合は、遠隔操作あり、裏ロムありで、韓国の「打ち子」がアナログなら、日本の「打ち子」はデジタルのサクラなのである。「打ち子」の報酬も、日本の場合、一日で一万五〇〇〇円から二万円ぐらいとなる。

日本では、角の目立つ台に「打ち子」を座らせて、ドル箱を二〇箱も積ませて、客に「俺も」と、その気にさせるのである。この手法は、日本では多くの店が実行している。

キムさんの友人は、その後「打ち子」をクビになった。店では、サクラを雇わなくても、客が押しかけるようになったからである。

結局、キムさんの友人は、元々はサクラだったのが、客として本当にハマる羽目になり、その後依存症になって身ぐるみ剝《は》がされる結果になった。

彼は口癖のように、「店に火をつけてやる」と口走るようになった。依存症の恐ろしさは、韓国も日本も変わりがなく、韓国では「依存症」を「中毒」と表現する。

日本と同様の換金方式

日本から、中古台を輸入する輸入業者も、ソウルに一〇社はあったという。仕入れ値が安いので、面白いほど儲《もう》かったらしい。

機種は、日本の『大ヤマト2』や『海物語』などである。メダルは使わない機種もあった。

玉がないから、設備もシンプルにできて、開業資金も日本ほどかからない利点があったという。たしかに、玉を持ち運ばなくてもいいのは、楽だと推察できる。

中古台の仕入れ値は、当時、日本円で七万円から一二万円ぐらいだった。そこから釘を抜いて、メダルで始動するように加工して、日本円で一台三〇万円から四〇万円近くで売った。これで儲からないほうが不思議である。

日本のパチンコ店は在日の人が多いので、日本では、その関係で韓国で流行《はや》らせたと誤解する人が多いが、そうではない。

反日ムードが今でも多少あるから、玉を弾く日本のパチンコは最初から許可されなかった。日本にいる業者が、韓国へ行って流行らすほどの状況にはなかったのである。

日本のパチンコ台を改造した「メダルチギ」は、現地の人が考えたものである。もちろん換金は法的には禁止であった。

だが実際には、日本の三店方式と似たやり方で換金していた。大当たりすれば、台から商品券が出てくる。その商品券を、店の外にある通称「ボックス」と呼ばれる一坪余りの小屋に持っていくと、現金と引き換えることができた。

換金所では、一〇%の手数料を取って商品券を現金に換えていた。

一枚五〇〇〇ウォンの商品券を四七三〇ウォンで買い取り、これを同額で娯楽室（ゲーム場）に販売し、ゲーム場ではこの商品券を景品として使用する。まったく日本と似たやり方であった。

一日五〇〇〇枚を換金した場合、一〇〇万から四〇〇万ウォン（約一〇万から四〇万円）が手数料として落ちてきたことになる。日本と同じように、換金所は、ゲーム場とは無関係ということになっていた。

換金所の場所はゲーム場では教えることはなかった。「外の客に聞いてくれ」と言われた。これも日本と同じである。

一〇％の手数料は大きい。たとえば、一〇〇万ウォンを持ってゲームをするとして、毎日投入した金額分の商品券を得たと仮定しても、一〇日後には三四万ウォンになってしまう。ゲーム場の経営者は、別名を使いつつ、実際には換金所を自分で経営していたところもあった。

パチンコ台一〇〇万台を没収

二〇一〇年七月、ソウルにある韓国警察庁を訪れた。「ゲームセンター（パチンコ）」の、取締り担当者に取材するためである。

守衛所のようなところで、いろいろ質問されて名札を受け取る。それをピンで胸に留めて庁内に入る。

日本の官庁を訪問するときと、ほとんど変わりがない手順であった。庁内には食堂があって、食堂で話を聞くことになった。

担当の警察官は生活秩序係で、日本語が得意の同僚、通訳を交えて四人で話をした。

韓国の警察は、大韓民国の行政安全部の管轄化にある警察庁および地方警察庁で組織されている。韓国の警察は国家警察であり、米国式の自治体警察や、日本のような半独立的な都道府県警察は存在しない。すべて中央政府の警察庁の指揮命令下にある。最新統計によれば、警察人員総数は約九万六〇〇〇人である。

韓国警察庁の担当者は、二人とも三〇代前半ぐらいと若い。二〇〇六年に禁止になってから、パチンコ台、約一〇〇万台を没収したと言う。

実際に、パチンコ台の撤去に踏み切ったのは、二〇〇六年八月である。警察庁が全国の警察に「連打機能のあるゲーム機はすべて処分し、両替行為は行なわず」との通達を出し、徹底した取締りが行なわれた。

韓国で、パチンコが「メダルチギ」と呼ばれ、ギャンブルとして流行ったのはそんなに古い話ではない。実際にメダルチギが過熱するようになったのは、二〇〇二年ごろからである。

パチンコは、八〇年代の中ごろから目に付くようになっていたが、ギャンブルとしては許可されていなかった。一九九九年五月から、機械に関する審議は文化観光部の外郭団体・映像物等級委員会が行なうことになった。

二〇〇一年ごろは、カジノで使われる違法のスロットマシンが行なわれていた報道がある。「朝鮮日報」の二〇〇一年六月十八日付の報道で次のような記述がある。

ソウル市鐘路《チヨンノ》区周辺に位置する娯楽ゲーム場。内部が見えないように黒いセロファン紙を張ったドアの前には、数人の男たちがぶらぶらと見張りをしていた。ドアを開け中に入ると、いわゆる「切れっ端」と呼ばれる従業員たちが近づいてきた。「7」「☆（スター）」「BAR」「KING」の模様が、モニターの上でめまぐるしく行ったりきたりしている。この模様が縦横、対角線で一致すれば点数が上がり、

韓国におけるパチンコの流行と廃止

2000年

このころから日本のパチンコ台を改造した
「メダルチギ」の流行はじまる。
（釘は外してあり、玉を打たずメダルを入れる方式）

全盛期

店舗数は全国で約15000店、
売上げは日本円で約3兆円
一方で、パチンコがらみの自殺や犯罪が
目立ちはじめ、社会問題となる

2006年

「パダイヤギ」事件起こる
不当な高配当が出るよう変造した機械の許認可、
禁止されている換金行為をめぐる贈収賄事件が発覚。
盧大統領（当時）の親族の関与が疑われ、疑獄事件
に発展。野党、マスコミによるパチンコ批判が高まる。

2006年8月

警察庁がパチンコ台の一斉撤去の命令を通達。
同年中には、**ほぼすべてのパチンコ台を撤去**

2007年以降

闇営業の摘発が、散発的につづく

そうでなければ点数を失う。カジノで見ることができるスロットマシン賭博だ。

こうして、盛んになる一方だった韓国のパチンコにブレーキをかけたのが、二〇〇六年に起こった「パダイヤギ（海物語）事件」である。これは日本でも人気のパチンコ台『海物語』をベースに改造されたもので、ここから事件は起こった。

政府高官にまで逮捕者が出た「パダイヤギ事件」

韓国では当時、一回当たりの限度額を規定していた。規則では、「一回限度額二万ウォン規定」とある。日本円にして、約二〇〇〇円が大当たり一回の限度であった。しかし、実際には守られておらず、一度に数百万ウォンの当たりは不法であるにもかかわらず、それが横行していた。

とくに問題となった『海物語（パダイヤギ）』を含めた電子式メダルゲームの場合、確率プログラムを変調させて射幸行為を高める手口が横行した。

確率プログラムの場合、審議の過程にあっても不正を探し出しにくいだけでなく、仮に不正を見つけても、違法性可否を判断することは大変だという問題があった。

これらのゲームでは、当たり金額を二万ウォンずつ数百回に分けて排出する方式にゲーム機を改造していたのである。高額当たり金額をメモリーに保存した後、表ではゲーム機を初期化しているように見せかけて連続的に当たるようにしていたのだ。

企業がこのような改造をしたのは、高配当の当たりの成り立つゲーム機が市場でよく売れ、ゲーム場を訪問する人たちは、数百万ウォンが当たるゲーム機を探すからだ。

これは明白な違法行為だが、ゲーム場事業主たちは確率プログラムによってそうなってしまった、という主張をして警察の取締りを避けてきた。検察の本格的な捜査が成り立つまで、射幸的ゲーム機の製造企業とゲーム場事業主たちは、このような手口で堂々と営業してきた。

機械の不法改造は、日本も韓国も変わりがなかったことがよく分かる。

だが、この事件がより大きく扱われるようになったのは、こうした変造機械の許認可の不正にあたって、また景品として提供されていた商品券の問題に絡んで当時の盧武鉉《ムヒョン》大統領の甥や側近が関連し、贈収賄事件に発展したからである。当時の文化観光部局長ら高官にも逮捕者が出て、パチンコ廃止論が一気に沸騰《ふっとう》したのである。

こうした動きを受け、〇六年八月に配られた警察庁のA4二枚分の通達では、「最近、裁判所の判決でもゲーム『パダイヤギ』は賭博性の高いゲームとして認められ、没収が望ましいとの判決が言い渡された」「国民の大多数はゲームセンターを娯楽施設ではなく、賭博場だと思っている」としたあとで、「これからは『賭博行為などの規制および処罰特例法』を適用し、さらに取締りを強化し、ゲーム機を押収して事業所を閉鎖する」と明記された。

そして同年八月二十三日、『パダイヤギ』の押収令状を受け、全国のトップを切って大邱《テグ》警察庁は、同市のゲームセンターを含む五つの営業所にあるゲーム機計三〇九台の内部をすべて取り除き、ハードディスクを押収した。各地の警察庁も、これに続いたのである。

韓国首相による国民への「お詫び談話」

もちろん、経営者側も黙っていたわけではない。「合法とされていたがゆえに運営してきたのに、世間でチョット騒がれたからと言って押収に乗り出すのは納得できない」と言う反発もあった。

「世間で騒いだ」とは、マスコミが「メダルチギ（パチンコ）」を徹底して糾弾したからで、この辺の対応が、日本のマスコミとは大違いである。このことは二章で述べるが、日本の新聞社内では、パチンコ批判の原稿がボツになる。

当時の韓明淑《ハン・ミョンスク》首相は、メダルチギを野放しにしてきたことに対して、国民にお詫びの談話を発表している。

その内容は、次のとおりであった。

「射幸性の高いゲーム機が全国に拡大し、庶民の生活と経済に深刻な被害をもたらした。深くお詫びする」

実に分かりやすく、的を射た謝罪であった。韓国の政治家は、失政に対しては謝罪する潔《いさぎよ》さをもっている。この談話は、そっくりそのまま、日本政府が国民に対して

謝罪するべき言葉である。

さらに韓明淑首相は「監査院の監査や検察の捜査に基づき、事件の抜本的解決のため最善を尽くす」と述べている。

韓国警察庁は〇六年九月三日、基盤だけを没収するという、それまでの方針を転換し、ゲーム機をまとめて没収することとし、没収したゲーム機を保管する倉庫の費用を含む四四億ウォン（約四億四〇〇〇万円）の予算を確保した。

基盤だけの没収だと、ゲーム機本体を隠して、営業を再開することも可能だが、パチンコ台を丸ごと没収することで、それを防ぐことができるようになった。

製造、販売業者にも及んだ徹底した不正の追及

さらには、パチンコ問題を捜査していたソウル中央地方検察庁特別捜査チームは、九月三日、拘束されたソム・ミンソク韓国コンピューターゲーム産業中央会会長の親族や側近など、事件関係者の口座の捜査差押許可状を受け、政・官界工作に対する本格的な捜査に入った。

また検察は、商品券発行業者アンダミロのキム・ヨンファン代表や商品券の関係者、ロビー工作の対象とされている文化観光部や映像物等級委員会関係者などに対する口座の追跡捜査も行なったという。

ゲーム機（パチンコ台）の製造・販売業者も、二〇〇七年に逮捕起訴されている。

釜山地裁刑事一部（張洪銃《チャン・ホンソン》裁判長）は二〇〇七年二月一日、ギャンブル性の高い違法ゲーム機を製造・販売したとして起訴されていたゲーム機製造業・販売会社N社の代表ムン某被告に対し、懲役一年六ヵ月の実刑と、ゲーム機販売で得た八一億二九〇〇ウォン（約八億一三〇〇万円）全額の没収を命じる判決を言い渡した。

裁判長は判決文で「被告人が製造・販売したゲーム機は八〇〇〇台を超えており、社会に与えた悪影響はあまりにも大きく、またゲーム機の購入者の中には暴力団員と疑われる人物がいることなどを考慮すると、実刑は免れない」と判決理由を述べた。

さらに張裁判長は「検察は論告求刑で、製造したゲーム機の総代金二六九億ウォン（約二六億九〇〇〇万円）の全額没収を求めたが、これはあまりにも過酷だと判断し、売上金八一億二九〇〇万ウォンについてのみ没収を命じることとした」と付け加えた。

韓国では、製造・販売業者も逮捕起訴され、売上金も丸々没収されるのである。実に徹底している。これでは、二度と「メダルチギ（パチンコ）」を密造したいとは思わなくなるだろう。取締り当局の、この潔さが韓国の特徴なのである。

日本では想像もできない、徹底した摘発と罰則の適用が行なわれていた。韓国の警察が行なう取締りの姿勢を、日本の警察と比較した場合、日本の取締りは、伸びきったゴムと言っても過言ではない。傍観者と言ってもいい。

「吠えない犬」と化した日本の国会議員

国会議員の発言で面白い発言がある（「朝鮮日報」二〇〇六年九月一日付）。〇六年八月三十一日開かれたハンナラ党のワークショップでは「家に泥棒が入っても、犬も吠えない（不運なときは万事うまくいかない）」という盧武鉉大統領を皮肉る発言が相次いで飛び出した。

まず、申相珍《シン・サンジン》議員は「検察や警察、獣医に尋ねてみたところ、飼い主が泥棒の場合は、犬が泥棒を見ても吠えないそうだ」と語った。

続いてキム・ビギョン議員は「声帯も鼓膜も取ってしまうと犬は吠えなくなるそうだ。聞こえもしないのに吠えるはずもない。国民の苦痛を聞けと言っても耳をふさいでしまったのでは、吠える人がいるはずがない」と語った。

こんな面白い表現もあった。金陽秀《キム・ヤンス》議員は「犬が吠えない場合というのは一つしかない。それはエサがあるときだ。国民のために守るべき街角のあちこちに、犬たちのエサがふんだんにあれば、犬は絶対に吠えるわけがない」と発言している。

金陽秀議員のこの発言は、日本のことを言ったのでは、と思えるほど耳が痛いものである。

まさしく、「国民のために守るべき街角のあちこちに、犬たちのエサがふんだんにあれば」、絶対に吠えるわけがないのである。金氏の表現を借りるならば「日本では、駅前のいたるところにエサがふんだんにあり、犬たちは絶対に吠えることはない」ということになる。

日本では、どんなにパチンコの被害が増えても、国会議員からは吠えるどころか唸り声さえ聞こえてこない。逆に、業界を擁護するという、なんとも理解不能な国になっている。それは、全国いたるところに一万数千軒も、エサがあるからなのだろうか？

日本では、国会議員からも、マスコミからも、パチンコの被害に対しての批判はほとんど聞こえてこない。韓国流の表現をするならば、声帯も鼓膜も取られているらしい。

逆に日本では、民主党議員によって、国会で業界を擁護する発言が堂々と繰り広げられているのである。両国の政治家たちの、自分の置かれている立場に対する、取り組む姿勢の違いは何から来ているのだろう。

はっきり言えば、金銭しか考えられない。個利個略が先になり、金銭に目が眩《くら》んで、吠えない犬になっているのである。

抵抗勢力による妨害はなかったのか？

廃止が決まった当時の韓国では、認可を受けているパチンコ店だけでも一万五〇〇〇軒あった。警察によるパチンコ台一〇〇万台の摘発没収という話も頷《うなず》ける。

それにしても、業界の抵抗がなかったものか気になるところだが、韓国の人たちは、軍隊経験を経ている男が多いので、法律で決まったことには潔《いさぎよ》く従うそうである。

国会議員が絡んだ事件はたしかにあった。景品用商品券発行メーカーだけでなく、商品券発行の指定から脱落したメーカー、ゲーム、商品券メーカーの利益団体、商品券の印刷、廃棄業者までが、国会議員らに後援金を提供していたことが分かった。

国会文化観光委員会の二〇〇四年から二〇〇五年の高額後援金寄付者の名簿とゲーム・商品券産業関連協会、商品券発行の指定で脱落したメーカーなどの株主・役員名簿を確認した結果、九人の与野党議員に二〇〇万〜七四〇〇万ウォン（約二〇万〜七四〇万円）の後援金を渡していたことが分かった。

何か利権があれば、国会議員が絡んでくるのは日本と同じ面があるものの、日本と比べたら、不正の金額も可愛いものである。その後の取り組みには大きな違いがあった。なぜならば、与野党協力して「メダルチギ（パチンコ）」禁止に追い込んだからである。

韓国で起こったパチンコによる事件、事故の数々

パチンコが盛んだった当時、韓国でも当然のことながら、パチンコによる事件、事故も絶えなかった。新聞で報道された事件を紹介してみたい。

日雇い労働者をしていたカン容疑者は、メダルチギ（パチンコ）で大損をした。そして従業員に「社長と話がしたい」と言ったが、これを拒否されると、消火器でゲーム機二台のモニター（時価三〇〇万ウォン、約三〇万円相当）を叩き壊し、従業員に暴力を振るった。

カン容疑者は罰金二〇〇万ウォン（約二〇万円）の支払いを命じられた。

忠州《チュンジュ》市に住むチャン容疑者は、二〇〇六年三月四日、ゲーム場（パチンコ店）で一五〇万ウォン（約一五万円）を失ったことに腹を立て、ガソリンを持ってきてゲ

ーム場に火をつけた。チャン容疑者には、懲役三年六ヵ月の実刑が宣告された。死者や負傷者はいなかったようである。

果物の露天商を営んでいるチョン容疑者（四七）は、同ゲームで九六万ウォン（約九万六〇〇〇円）勝った後、一瞬でその金を失った。

腹が立ったチョン容疑者は、凶器と工業用のアンモニア水で、ゲーム場の従業員を脅し「三〇〇万ウォンを出せ、これをまけば全員死ぬ」と脅した。ゲーム場の主人の通報により捕まったチョン容疑者は、懲役二年執行猶予三年が宣告された。

新聞で報道された一部であるが、事件の内容を見ると、客層は低所得者が多かったことが理解できる。

読む者の胸を打つ「朝鮮日報」の社説

「朝鮮日報」二〇〇六年八月二十三日の社説にも、若者の自殺者のことが報道されているので紹介したい。ちょうど国会でパチンコ廃止の決議がなされて一ヵ月後のものである。

この社説は、何度読んでも胸を打つ社説である。日本の新聞では、このような記事を見ることはほとんどない。

盧武鉉《ノ・ムヒョン》大統領は『海物語（パダイヤギ）』疑惑と関連し、二十日ヨンリン・ウリ党幹部らに「私の甥《おい》は無関係だ。実務上の失敗に過ぎないことが明らかになれば、利権疑惑のないことが確認される」と語った。

翌日の新聞では、「当分は疑惑に悩まされるかもしれないが、事実が明らかになれば、むしろ参与政権が清廉であることが証明されるので、自信を持って対処してくれ」と（党幹部に）要請した。

国民は、国が賭博に染まっていることを心配しているのに、大統領は自分の甥が関与していたかどうか、これが利権疑惑なのかどうかといった問題にしか関心がないようだ。安保体制の問題に続き、賭博問題も、真に憂いているのは国民だけだ。

韓国には今、全国にコンビニエンスストアの数より多い一万五〇〇〇軒の賭博場が、住宅地や学校の前、挙句の果てには子どもの自習室の前まで侵食し、夜通し営業を続けている。人口一万人に過ぎない鬱陵島《ウルルンド》にも、賭博ゲームセンターは四軒もあり、繁盛している。国内をギャンブル場だけにしておきながら、「私の甥は……」とか、「利権疑惑は……」と繰り返すだけの大統領の対応には、首をかしげてしまう。

前政権は、国内利用者用のカジノ（江原ランド）を許可し、世論の総スカンを食らったが、当時射幸性ギャンブル産業が占める割合は、レジャー市場全体の二七・八％程度（二〇〇〇年）だった。

現政権に入り、その割合はたった四年で五一・三％（二〇〇四年）と二倍に膨れ上がった。そして、賭博場で現金の代わりに流通する商品券の乱発を許し、成人賭博ゲーム産業を一年で五〇〇〇億ウォンから三〇兆ウォン（約五〇〇億円から三兆円）にまで膨らませた。

ギャンブル産業は、市民の糧《かて》を餌《えさ》にして成長している。日雇いの労働者、その日暮らしの自営業者、世間知らずの主婦、無力な老人といった社会の弱者が、政府ギャンブル産業育成のカモになった。

ギャンブル中毒で財産を失ったり、家庭を崩壊させたり、人生に失敗した人は数多い。今月十三日には、釜山で成人ゲームセンターに入り浸って、一億ウォン（約一〇〇〇万円）の借金を作った二〇代の若者が首をつって自殺した。

ゲーム中毒になって会社を解雇されたサラリーマン、学費を使い込んで両親のクレジットカードを盗み、数千万ウォンを失った大学生、一家の生計手段である個人タクシーを消費者金融に差し押さえられた運転手など、政府のギャンブル育成政策に巻き込まれ、身上をつぶした人たちの人生は悲惨だ。

統計によると、ゲームセンター利用者の四二・七％が、月収二〇〇万ウォン（約二〇万円）以下の低所得者だ。現政権は、人生に疲れた無力な庶民に働き口や働きがい、貯蓄の喜びを提供する代わりに、ギャンブルという麻薬を与えた。賭博は常に財産や人生を台無しにする大多数と、その多数の犠牲により利益を得る少数の人たちとの関係で成り立っている。

そして、ギャンブル産業育成もやはり、賭博上の経営者や営業許可を出している後見人を買って出た権力、商品券業者ら数千人の利益のために、数百万人を泣かせる行為だ。大統領は、こうして身を持ち崩していく国や人々を前にしても「実務上の失敗に過ぎない」と主張するのか。

この社説には、パチンコ依存症の国民を思い、心配する真心に溢れている。このような、誠意溢れる意見を、日本の新聞で見ることがほとんどないのが残念でならない。

農村や漁村にも深刻な影響

『朝鮮日報』の社説に解説を加えると、まず『海物語』に関しては、景品として提供されていた商品券の問題が絡んで、大統領の甥に疑惑が持たれ、これが発端となり、「メダルチギ（パチンコ）」禁止まで発展したことは、先に述べたとおりである。

「コンビニエンスストアよりも多い一万五〇〇〇店のパチンコ店」

この数字は日本とほとんど同じであった。主婦もハマっていた人が少なくなかったが、日本と違い、半数近くが女性客という現象はなかった。女性客は、三分の一にも満たないぐらいであった。

未成年（二〇歳未満）の客は、ほとんどいなかったといっても過言ではない。なによりも韓国では、未成年者に大金を持たせるようなことはしない。なぜならば、韓国では身分証明書の携帯が義務付けられているので、身分証明書を確認すると、すぐに年齢がばれるからである。

韓国でも、未成年はタバコを吸ってはいけないことになっている。「青少年保護法」では一九歳未満の青少年に酒やタバコを売ってはならず、これに違反したものは、二年以下の懲役または一〇〇〇万ウォンの罰金を科せられる。日本円にして、約一〇〇万円は結構高い罰金である。

「住宅地や学校の近くにも進出した」

この問題も、日本と共通する部分がある。日本の場合は、大型店の進出が多くなり、小型店は淘汰され、潰れる店も出てきている。韓国でも、学校の近くにパチンコ店ができて問題になった。

日本でもこの問題が少なくない。たとえ法律的には合法であろうとも、常識的に考えて、公園や学校の近くに出店を許可するべきではないと思う。

「鬱陵島《ウルルンド》にもパチンコ店が進出」

これも日本と似ている。日本でも香川県の小豆島《しょうどしま》は小豆島町と土庄町《とのしょうちょう》合わせて、人口約三万二〇〇〇人でパチンコ店が三軒もある。とくに島には娯楽が少ないから、依存症になりやすい。漁に出ないで、パチンコをやる人も多くなるのである。

北海道の利尻島《りしりとう》には、六一九〇人の人口でパチンコ店がやはり三軒ある。以前は五軒あったが、島でのパチンコは問題が多すぎる。漁師がパチンコにハマると、漁をサボるようになる。当然のことながら生活に影響する。

筆者の田舎に行ってみても、農家の男たちがパチンコにハマって、田んぼを売った話は珍しくもないのである。

最近は不況で、出稼ぎも仕事がなく、パチンコにハマる条件が多くなっている。最初はパチンコで稼ごうとしてパチンコを始めるが、結局、最後には田んぼを売るまで追い込まれるのである。

農村や漁村の住民は、純朴な人が多い。だから、依存症になりやすい面は否めない。労働意欲の低下は、国の根幹に関わることである。「農業手当て」も、パチンコに消える可能性は高いのである。

日韓に共通したパチンコによる家庭崩壊

「ギャンブル中毒で家庭が崩壊」

この問題は、むしろ韓国よりも日本のほうが深刻である。社説には、社会の弱者がカモになったとあるが、日本の場合も、年金受給者とか、生活保護者、主婦、社会的な弱者がターゲットになっている現実がある。

「朝鮮日報」の社説でも、ターゲットとなる人たちとして、日雇い労働者、その日暮らしの自営業者、世間知らずの主婦、無力な老人、とある。

「世間知らずの主婦」は、日本でも一番のターゲットになっているという現実がある。筆者に届く読者からのメールでも、この人たちが圧倒的に多い。

「その日暮らしの自営業者」とあるのは、韓国では、街頭で靴を売ったり、果物を売ったりする自営業者が多い。街角で、靴を山積みにして安く売っている靴の修理屋さんとか、さまざまな業種の人たちが、露天の街角で商売をしている。

本も街頭で売っているのには驚いたが、それも古本ではなく、新刊を売っていた。かなりのスペースを取り、青空の下で本を売っていたのである。見ると、結構売れていた。

この社説では、とりわけ社会的な弱者がターゲットになっていることを問題視している。

筆者も、カジノで勝負した経験があるが、少なくとも、カジノの場合は金持ちが対象となり、時には数千万円から億の金が動くこともある。

パチンコの場合は、韓国も日本と同じで、社会的な弱者がターゲットになっていた。パチンコ業界は、日本でも、韓国でも「たった数千人の莫大な利益のために、数百万人を泣かせている」のが現実なのである。

「二十代の若者が自殺」

釜山では、「メダルチギ（パチンコ）」で一億ウォン（約一〇〇〇万円）の借金を作った若者が首をつって自殺とある。日本でもパチスロの四号機が爆裂していたころ、若者の自殺は少なくなかった。

あの四号機、『ミリオンゴッド』などの爆裂機は、一五〇万勝ったとか、一〇〇万円負けた、という話は珍しくなかった。

勝つときも大きかったので、若者たちは、方々から借金してのめり込んで、自殺にまで追い込まれたのである。若者の自殺者まで生んだ、あのころのスロットの異常な過熱振りは、マスコミでほとんど報道されなかった。これが不思議なのである。

「数千人の利益のために、数百万人を泣かせる」業界とは

「会社を解雇されたり、学費を使い込む」

社説の中では、ゲーム中毒（依存症）になって会社を解雇されたり、学費を使い込み、両親のカードを盗んで数千万ウォンを失った学生とあるが、日本では一時、学生向けのサラ金が流行って問題になった。当時、スロットで借金を作った大学生は少な

くなかった。さらに日本では、パチンコ依存症で母親殺しが二件も発生している。韓国もパチンコによる事件は多かったが、日本ほど悲惨な事件が続発するような状況ではなかった。

日本では、放火殺人も発生している現実がある。大阪のパチンコ店放火殺人事件では、腑に落ちない部分がある。警察の発表では、加害者の自供として、「店には恨みがない」と言っている。

これが納得できない。恨みがなくて火をつける人間はいない。もしかして、警察がいろいろと勘案して、パチンコ店が不利にならないように被害者の自供を和《やわ》らげたのでは、と疑いたくなる。

韓国の場合、朝まで営業していたので、会社を休んで打ち続けたり、一人で何台も掛け持ちできたので負ける金額も大きくなった一面がある。依存症になれば、朝までパチンコ店にいることは珍しくもなかったのである。

「数千人の利益のために、数百万人を泣かせる行為」

この記述に、韓国マスコミの良心が表われている。まったくこの指摘のとおりなのである。この言葉に、パチンコのすべてが表現されている。数千人の莫大な利益のために、数百万人を泣かせる行為であることは、韓国も日本も変わりがなかったのである。

しかし韓国では、日本のように警察官僚が業界に天下りしたり、業界がテレビで堂々と宣伝することはなかった。

マスコミ業界、政治家、官僚、パチンコ業界の人間。たった数千人の利益のために数百万人を泣かせて、二一兆円が闇に消えているのが、日本のパチンコの現状なのである。

韓国よりも、事件が多発している日本で、パチンコ店が何事もなかったように営業できていることは不思議としかいいようがない。

「賭博共和国」なのは、韓国ではなく日本

「中央日報」の社説にも、次のような記述がある。「『パダイヤギ』の真実、必ず明らかにしなければならない」というタイトルで二〇〇六年八月二十一日付の記事を紹介

したい。先ほどの「朝鮮日報」の二日前の記述である。

この国は「賭博共和国」になったようだ。ゲームセンター（注：パチンコ店）で流通する景品用文化商品券が、昨年八月から今年の六月まで二三兆ウォン（約二兆三〇〇〇億円）も発行されたという。商品券というのがゲーム後に支給され、回転式に交換される点を勘案した場合、実際に賭博につぎ込まれる資金がいくらかは想像するのも恐ろしいほどだ。これによる自殺や破産が社会問題になってから初めて、検察と監査者が成人向けゲームセンター「パダイヤギ」の調査を始めたのは残念なことだ。

しかも、大統領の甥と側近の介入疑惑が報じられた後となっては、ただの調査にとどまらない可能性もある。

この事件の疑問点は、あまりにも多い。文化観光局のチョン・ドンチェ副長官やユ・ジンリョン前次官は、二人とも（パダイヤギの）許可に反対したという。それなのに映像物等級審査委員会が、どうして承認することができたのか、不法ロビーや権力の圧力はなかったのか、明らかにしなければならない。核心である文化商品券関連規定も、誰がどんな背景で修正したのか、確認しなければならない。

やはり一番の疑問は、盧武鉉大統領の甥、ノ・ジウォン氏の関連疑惑だ。青瓦台《チヨンワデ》（大統領府）は、昨日、青瓦台と盧武鉉氏の関連疑惑を強く否定している。

では、盧武鉉氏は何もせずに、登記理事という職責と相当なストックオプションを受けたことになり、それも理解に苦しむ。

ノ・ジウォン氏の退職背景も、該当の企業と本人、青瓦台の言葉が食い違っている。国会で真相を究明するとしていることから、すべての疑惑に対して徹底的に真相を明らかにし、関連法と政策を根本的に手直しをするよう願う。


この記事の背景にあるのは、やはり大統領の甥が『パダイヤギ（海物語）』の利権に関与した疑いがもたれた件である。韓国の場合は、元大統領も逮捕される国なので、疑惑の追及は厳しく行なわれる。とくに、大統領が引退して権力の座から降りると、途端に追及されることが多い。

本人が関与しなくても、この例のように、甥とか親戚が絡むことが多いのも、韓国の特徴なのである。過去にも、大統領の身内の収賄事件は少なくない。

「賭博共和国になったようだ」

ここで述べている、「賭博共和国」が当てはまるのは、むしろ、韓国よりも日本のほうである。

韓国にも、競輪や競馬があるが、規模は小さい。もちろん、オートレースもない。競艇は、二〇〇二年から始まったばかりで歴史は浅い。

日本では、それぞれの公認の賭博に利権が絡み、政治家や官僚が甘い汁を吸っている。さらに、悪の政治家たちが、より高額の利権を求めてカジノをやろうとしているのには、背筋が寒くなる。

廃止後の闇営業も徹底摘発する韓国

日本と違い、規模は小さい店が多かったので、転業には難しい面があるという。禁止になってからも、転業できずに再開して捕まる例も少なくないということであった。そこで、二〇〇九年十二月に、闇の営業が徹底摘発されたのである。

若い取締り担当者の話では、メダルチギを摘発に行くと、三階や四階の窓から飛び降りて逃げようとする人も少なくなかったらしい。

四階から飛び降りて足の骨が粉々に折れてしまい、そのまま病院へ直行する例もあったという。

建物の外壁のパイプを伝って逃げようとして、落ちて亡くなった客も実際に存在した。韓国の警察は日本と違い、こうと決まれば徹底して取り締まる。けっして妥協はしない。

結局、このときは、十二月一ヵ月間で不法ゲーム場二〇一ヵ所を摘発し、六〇八人を立件して、ゲーム機八〇〇〇台と現金四億六〇〇〇万ウォン（約四六〇〇万円）を押収した。

警察は、多くの不法射幸ゲーム場が、住宅と農家倉庫、カラオケ、ビヤホール、写真館、印刷所などに偽装して、常連だけを出入りさせて営業をしていたと明らかにした。

とくに最近は、韓流ブームで訪韓する日本人観光客たちを狙って、日本式パチンコである『大和ゲーム（『大ヤマト2』の台）』を利用した不法営業もあったという。

インターネットを使った違法賭博の摘発

いくつか新聞記事を拾ってみよう。

「パチンコのインターネット賭博も摘発」

韓国国内で利用できない、日本のインターネット賭博を提供した、新手の賭博も摘発された。

済州《チェジュ》西部警察は二〇〇九年七月十六日、国内で利用できない日本のパチンコゲームを提供して賭博行為を誘導したネットカフェ運営者カン（四〇）など三人を賭博開場の疑いで拘束する一方、逃げた三人の行方を追っている。

また、ネットカフェでインターネットゲームを利用して賭博行為をした客の四人を賭博の疑いで拘束立件した。

警察によると、カンなどの六人は、一月から四月まで済州市連洞でネットカフェを営業しながら、客から現金の入金を受けて、日本のパチンコゲームが可能なサイバーマネーを販売して両替をしていた疑いをもたれている。

また、四四人の客は両替屋に現金を入金した後、サイバーマネーをもらって、パチンコゲームをしたという疑惑が持たれている。警察の調査の結果、これらは有害サイトで、国内から日本のパチンコゲームサイトに迂回接続プログラムを設置して、接続するようにしたことが分かった。

これらは、日本では七〇〇〇ウォン（約七〇〇円）で購入できるサイバーマネーを八万ウォン（約八〇〇〇円）で販売して販売差益を得る一方、両替手数料に一五%をもらうなど、二億二〇〇〇万ウォン（約二二〇〇万円）の収益を上げていた。

とくにこれらは、客の家庭用パソコンに迂回接続プログラムを設置して、家庭でもパチンコゲームができるようにしていたことが分かった（「朝鮮日報」二〇〇八年十月四日付）。

韓国は、日本よりもパソコンの普及率が高いので、ネット犯罪も少なくない。とくに、パチンコが禁止されてからは、ネットを利用した違法賭博に手を染めるケースが多くなっている。問題は、接続可能年齢ではない利用者も利用できるようになっている点だ。

報道では、次のような意見がある。

われわれは二〇〇六年、社会全体が「パダイヤギ（海物語）」という賭博狂風によって病んでいた事実を記憶している。

当時、数多くのゲームセンターの経営者が拘束され、一般市民はパダ（海）に溺れて、財産を注ぎこみ、大きな社会問題になった。結局、司法当局が事態の収拾を図り、しばらくの間、パダイヤギは静かだった。

しかし、最近、（中略）ウェブボードゲーム会社と加盟店契約を結び、利用者にゲーム接続アカウントを提供する際の本人確認手続きもなく、射幸性ゲームを自由に利用することができるようになったという。

アカウントさえ異なれば、いくらでもゲームが可能、一人当たり月額利用限度三〇万ウォン（約三万円）以上、無制限で楽しむことができる。さらに問題となるのは、本人確認の手続きがないので、青少年等、接続可能年齢ではない利用者も利用できるようになっている点だ。

去年十二月二日、柳仁村《ユインチョン》文化体育観光部長官は、国家政策調整会の直後、「パダイヤギ（海物語）事件以降、取締りを続けたにもかかわらず、最近、不法なゲームや不法な改・変造をしたゲームが広がっている」とし、「より強力な取り組みが必要だという前提の下、常習的な換金等、射幸性を目的に利用する行為および不法射幸性ゲーム会社が入居しているビルオーナーを処罰する方針だ」と述べた。また、文化部は、青少年が利用するゲームセンターの営業時間も、現行の二四時間から深夜一二時までに短縮する方針を明らかにしている（「朝鮮日報」二〇〇八年九月四日付）。

元来、経済が悪化すればするほど賭博産業は盛んになる。不況で仕事がない人たちが一攫千金《いっかくせんきん》を狙うからだ。そうでなくても厳しい経済状況に不法賭博まで浸透し、一般市民の生活はより厳しくならざるをえない。

報道ではさらに、第二のパダイヤギ事件が再現されることのないよう、主管庁である文化部はもちろん、警察・検察・国税庁等、関連当局が情報を共有し、賭博という毒きのこ根絶に立ち上がるべきときだ、としている。

日本のパチンコは、どこでおかしくなったのか？

日本ではその昔、「立てばパチンコ、座れば麻雀、歩く姿は馬券買い」という言葉が流行ったことがある。昭和の三十年代は、パチンコ店には椅子がなかった。パチンコは立って打つもので、もちろん換金ができなかった。

座って打つと、何時間でも打つことになり、労働意欲の低下に繋がる、という理由で椅子は許可しなかった。昔は、日本のお役人もしっかりしていた。パチンコの弊害を冷静に見ていた。今では、ＡＴＭがパチンコ店の店内に設置されるようになっている。

日本では、法律的には換金が違法なイカサマ賭博場が、どんどんエスカレートしている。最近のパチンコは、五万円の軍資金がなければ落ち着いて打てない状況になっている。これを博打といわずして、何を博打というのか。

昭和三十年代のパチンコは、お菓子や缶詰の景品に換えて家に持ち帰って、家族に喜ばれた平和で長閑《のどか》な時代であったし、現在のように、パチンコによって人心が荒廃するようなこともなかった。

日本で、もしパチンコが禁止になったら、パチンコ台を作る技術は他に転用できるだろう。パチンコ台を作る技術を、人を幸せにすることに使うべきである。

日本人は、それだけの頭脳を持っているから、パチンコは禁止しても問題はないと筆者は考える。リーチのアクションなどの技術は、携帯のゲームなどに転用すればよい。

あのリーチの画面は、バクチではなく、楽しい遊びに使うべき技術なのである。パソコンや携帯で、楽しいゲームとしてならば世界でも受け入れてくれる。パチンコをやる人を、依存症になるほど虜《とりこ》にする技術は、人を不幸にすることではなく、人を幸せにすることに生かすべきである。

自国でパチンコが流行していたことを知らない韓国人

韓国の、警察の担当者の話によれば、回収したパチンコ台の処理には苦労したそうである。産業廃棄物としても莫大な量になる。使える部品は、電気業者などに無償で提供したと言う。この辺の柔軟さは韓国らしい。

韓国では、その後も違法に営業する業者は絶えることがないが、現在、業者は逮捕するが、客までは逮捕していないと言う。今後、違法なパチンコ店が多く現われるようになれば、客も逮捕するよう法律が変わることになるだろう、という担当者の言であった。

現在の法律では、金銭のやり取りをしている現場を押さえなくてはいけないのだそうだ。

取締りの担当者は、筆者には、古きよき時代の日本の若者を見ているような錯覚に陥《おちい》るほどであった。筆者の質問に、必死に答えようとするひたむきな姿があった。

韓国では、韓国人でも意外とゲームセンター（パチンコ）が流行っていたことを知らなかった人が多い。パチンコは低所得者の遊びと見られていたので、深く静かに進行していたのである。もちろん、日本のようにテレビやラジオで宣伝することはなかった。

韓国の業者は、恥を忍んで営業しているというぎりぎりの自覚を失っていなかったのである。

本来、違法なバクチであるパチンコを、日本のようにテレビやラジオで宣伝するほうが異常なのである。恥を忍んで営業しているという、謙虚な姿勢が日本の業者には欠けている。まるで、ふんぞり返って不法博打を営業しているように見えてならない。

人を不幸にするバクチで飯を食っているパチンコ業界は、恥を忍んでやらせてもらっております、という姿勢は持つべきではないかと思う。それでなくても、厳密には法律に違反しているのである。

テレビでパチンコ台を宣伝して、違法バクチのパチンコ店の経営者が六億の結婚式を挙げて高笑い。それをマスコミが持て囃《はや》すなどは、とてもまともな国とは言えない。

ソウルの人たちに、パチンコのことを聞くと、私にそんなことを聞かないでくれという拒否反応を示す人が少なくない。低所得者層のバクチで、エリートには関係ないという姿勢がはっきり表われる。

エリート意識を持っている人は、私に聞くのは失礼だ、という反応を示す人もいる。「最初から韓国にはパチンコはなかった」と言う人もいた。たしかに、台は日本のパチンコ台だが、釘を抜いてあり、玉を弾かないのでパチンコではなく、メダルチギだと言われればそのとおりなのである。しかし、パチンコで意味は通じた。

その点日本は、お金のある人も、エリートも、お金のない人も、一緒になってハマっている。郵便局長が二人もパチンコ依存症で事件を起こしているぐらいだ。

郵便局長だけではない、警察官までもがパチンコ依存症で事件を起こしている。日本では、エリートと言われる人たちも、パチンコ依存症になり転落している姿がある。

警察官の、パチンコ絡みの不祥事は二〇一〇年も起きている。
二月二十二日の「産経新聞」電子版によれば、

千葉県館山《たてやま》市のパチンコ店駐車場で、二月一九日、県警館山署に勤務する男性巡査長がパチンコ中、駐車中の車が車上荒らしに遭い、車内においてあった警察手帳が入っていたバッグを盗まれていたことが二二日分かった。同署は窃盗事件として捜査している。

なんとも間の抜けた事件だが、パチンコを取り締まる警察もハマってしまうパチンコとは――、なんとも呆《あき》れてしまう。
日本人は脇が甘いのか、それとも人がよいのか理解に苦しむ面がないでもないが、それだけ、パチンコ台の性能が、人を陥れるのに巧妙なのである。

小沢氏に、パチンコの規制緩和を持ちかけた李《イ》大統領

韓国に関しては、気になるニュースもあった。二〇〇八年二月二十二日、韓国の通信社「総合ニュース」が電子版で伝えたニュースである。

二月二十一日、韓国訪問中の民主党の小沢《おざわ》代表と会談した李《イ》明博《ミヨンバク》大統領が、日本のパチンコ産業の規制に言及していたことが分かった。パチンコ産業の規制強化の影響で、在日同胞が苦境にあえいでいる、と小沢代表に話したと言う。小沢代表は李大統領に対して、帰国次第、民団に聞いてみると応じた模様だ。

この記事に説明を加えると、李大統領の「規制強化の影響で」との発言は、「爆裂機」といわれたパチスロの四号機の認定取消のことなのである。

この四号機の認定取消に関しては、民主党の山田《やま　だ》正彦《まさひこ》議員が、国会で業界を代弁するかのような質問を繰り広げて失笑を買ったものである。この件については、また後に述べる。

しかし、日本のパチンコに言及した李大統領の発言には失望させられた。小沢代表にもである。「民団に聞いてみる」とはどういう意味であったのだろう。

「民団」とは、いうまでもなく「在日本大韓民国民団」のことである。民団の設立は、一九四六年十月と歴史は古い。

ウィキペディアの情報によると、韓国政府が、運営資金の六割から七割を負担し、日本国内の、三〇〇を超える拠点で活動を行なっている。

現在は、会員が約五〇万人。日本に帰化して韓国籍を離れた者も会員になることができる。韓国籍パスポートの申請、韓国籍の戸籍処理などの依頼を代行している。

傘下には、金融機関（商銀信用組合）や教育機関を多く所有している。学校は、東京韓国学校や金剛学園などがある。

〇九年の衆議院選挙前から、外国人参政権の獲得を目的に、民主党との関係を深めている。〇九年十月十七日、民団大阪は「民主党大阪府連、衆・参国会議員との祝賀懇親会」を開催し、川上義博《かわかみよしひろ》氏、白眞勲《はくしんくん》氏、中野寛成《なかのかんせい》氏、尾立源幸《おだちもとゆき》氏ら民主党国会議員一五人が参列した。そこで彼らは外国人参政権への抱負を語っている。

民団傘下の在日韓国商工会議所の一万社のうち、約七〇%がパチンコ産業に関わっているとされている。北朝鮮問題で、日本の政府と公安当局が、朝鮮総連（北朝鮮系）の経済活動を遮断する目的から、総連系のみならず民団系のパチンコ店への取締りまで強化したことから、在日韓国人パチンコ店経営者らが危機感を募らせ、民団が朝鮮総連との和解を撤回するということもあった。

二〇〇八年、民団の代表らが韓国の李大統領の当選祝いで訪韓した際に、「地方参政権の付与」と「パチンコ産業に対する規制緩和」を小沢一郎《いちろう》民主党代表（当時）に、お願いするよう訴えた。

これを受けて、先の李大統領の発言に繋がったのである。後日、日本では「レジャー産業健全化推進協会」の協会幹部らが「遊技業業界の規制緩和を訴える陳情書」を小沢氏へ提出した。

その後、現在まで、パチスロの「爆裂機」が認可されていないのを見ると、小沢氏が李大統領の使い走りをすることに躊躇《ちゅうちょ》したのか、警察当局が応じなかったのか、どちらかだと思う。

国家間の話として、大統領が日本のパチンコに言及するとは思いもよらなかったが、李大統領の発言には、民団による働きかけという伏線があったのである。

それにしても、自国ではパチンコを禁止している国の大統領の発言としては、大いに違和感があった。

大統領の発言を善意に解釈するならば、民主党は、民団や韓国に対しては友好的な政党なので、ついわがままを言いたくなったのかもしれない。

筆者は自身のブログ『社会風刺』で、「小沢代表が、韓国の李大統領の使い走りをして、パチスロ四号機の規制を緩めるようなことがあったら、この国も終末を迎えることになる。いくら何でも、それはないだろう」と書いたが、当時、日本の第二党の党首が、韓国の新大統領にパチンコの話を持ち出されて、それに、反論もできない姿があった。

李大統領の真意はいかに？

しかし、である。李大統領は、小沢氏と会う二年前、ソウル市長を辞任してまもないころ、メダルチギの一機種である『パダイヤギ（海物語）』に関して、次のように発言している。ただし、ここでの『バダイヤギ』は、単純に「パチンコ」と置き換えて読んだほうが、日本人には意味が通りやすいだろう。

二〇〇六年八月二十八日の「デイリアント」より紹介したい。

李明博前ソウル市長は、成人用射幸性娯楽ゲーム『パダイヤギ（海物語）』事件について二十八日、「根本的に失敗した政策だ」と一喝した。

「パワーコリア未来ビジョン政策探査」中の李前市長は同日、「産業ビジョン」探査四日目の日程で昌原《チャンウォン》（慶尚南道の主要都市）機械公団を訪問し、地域の財界人らとの懇談会で「パダイヤギ」を取り上げ、「勤勉に、熱心に働いて幸せを見つけなければならないのに、これと反対の方向に向かわせるものだ」と指摘、このように断定した。

李前市長はまた、「このようなもの（パダイヤギ）を国が許可し、この状況でどんなことが起きたか、調査すれば出てくるだろうが、実際きちんとした調査が行なわれるかどうかも疑問だ」と問題提起した。

李前市長は、「仕事を通して幸せを見つけなければならない。すべての人は働いて、仕事から正常な代価を得て、これによって教育を受け、文化を楽しむのが正しいことだ」とする一方で「経済が厳しくなればなるほど、このようなものが盛んになるのは心配だ」と述べた。

李前市長は「政府の許可を受け、手続きを踏んで可能になったことであり、そこで一攫千金を手にした人もいるが、家庭が崩壊した人がほとんどだ。また、そのような人たちのほとんどが一般市民だ」と述べ、（中略）「その真摯さをもって、起業しやすい国とするために、より配慮し、精魂を傾けなければならない」と指摘した。

李前市長は続けて「法がきちんと守られていないことも問題だ。法を治める国家において非正常なことが行なわれているということは、結局、きちんと法治がなされておらず、法によって公正に治められていないということだ」とし、「ひとつ間違えれば、複数の分野にまで広がり、国家にかなりの困難をもたらす可能性もある」と憂慮した。

李前市長は、「この機会に、これひとつ（パダイヤギ）取り締まって、問題点を暴くことで終わるのではなく、大韓民国が正される根本的な機会としなければならない」とし、「このような状況で誰が起業するだろうか？　パダイヤギ機を何百台か設置すれば、一攫千金が可能なのに、誰が起業するだろうか？」と問いかけた。

この発言の内容を見ると、李現大統領は健全な考えをお持ちであることが分かる。日本の政治家や財界人からは、このような国民を思う発言を聞くことはない。

李現大統領は「経済が厳しくなればなるほど、このようなものが盛んになるのが心配だ」と発言している。

日本では、経済が厳しくなればなるほど、広告収入が減り、マスコミは恥も外聞もなく、パチンコ台のＣＭに手を染めることになった。日本のマスコミにも、自主規制があり、問題あるＣＭは取り扱わないことになっているにもかかわらずである。

李氏のこの発言は、ソウル市長を辞めてからの発言なので、大統領になってからも、メダルチギに対しては厳しい排除政策が取られていることが納得できる。

たとえば日本で、パチンコ業界の担当大臣や、日本の首都東京の石原慎太郎《いしはらしんたろう》都知事が、パチンコに言及することはない。この違いは何なんだろう。

李氏の発言は、まるごと日本に当てはまるのである。「法がきちんと守られていないのも問題だ」という日本のパチンコの現状が、李大統領に指摘されているような錯覚に陥る。

それだけに、李大統領の小沢氏に対する発言には、本当に失望させられたものである。

パチンコ全廃による経済効果とは？

二〇一〇年七月、韓国でパチンコの認可を出すほうの役所である文化観光部を取材で訪れた。

応対してくれた担当者は、年齢が四〇歳ぐらいの男性と、三〇代前半ぐらいの女性である。

禁止に追い込んだ、きっかけを尋ねたところ、やはり最初は『海物語』疑惑からであった。

それまでは、パチンコの被害に関しては、一般国民にそんなに知られていなかった。先にも述べたが、低所得者がハマっていたので、今でも、パチンコをやらなかった人たちは、パチンコが流行っていたことさえ知らない人が少なくない。

「メダルチギ（パチンコ）」の被害が多くなり、自殺者まで出るようになり、世論からも批判の声が高まり、禁止する方向に動いて、法律を立案したのが文化観光部であった。

韓国が健全なのは、被害が多くなれば迅速に対処する誠意を持っていることである。対処するスピードが日本と比べたら格段に速い。パチンコも、あっという間に禁止してしまった。

担当者に、抵抗勢力の存在を伺ったが、その兆《きざ》しはあったが、政治家が介入してくるなどということはなかったという。

パチンコを禁止したことによる経済効果については、正確な因果関係を証明することは困難だが、消費に対しては間違いなく効果があったということであった。とくに、車の販売額が伸びたという。

ゲームセンター（パチンコ店）は、三〇兆ウォン（約三兆円）もの売上げがあったのだから、禁止によって消費によい影響がないわけはない。三〇兆ウォンが、一般消費に流れたのである。

日本の現状を少しお話ししたが、どうしてそうなるの、という気持ちが顔に表われていた。たしかに、事件、事故が絶えないのに、違法な賭博を放置している国は、世界中で日本ぐらいのものであろう。

文化観光部の担当者の「国民の幸せのためには、禁止すべきものは禁止しなくてはいけない」、この言葉がすべてを物語っていた。

通訳の人と、ソウル市内を一時間以上歩いたが、ホームレスは一人も見なかった。韓国では、儒教の教えを今でも守っているので、ホームレスになる前に、肉親や、親戚が手を差し伸べているから、ホームレスになる人は少ないということであった。なるほどと納得した。すべてが、パチンコ禁止に根本の精神は繋がっていたのである。

韓国CBS放送の取材を受ける

二〇一〇年八月二十三日、ソウルのCBS放送の取材を受けた。筆者のホームページを見て、日本のパチンコ問題について、話を聞きたいとのことであった。日本でこの問題に取り組んでいる書き手は、たしかに少ない。

都内のホテルで収録したが、もちろん正直に、ありのままをお答えした。プロデューサー・キム氏は、こちらの話に対して何度も驚きの表情を浮かべた。

どうやら、こちらの証言が想像していた以上の内容であったらしい。実際、パチンコに関しては、日本人の筆者でさえ、信じられないような事件、事故が多すぎる。

プロデューサー・キム氏からは、「日本人は、どうしてこんなにパチンコにのめり込むのでしょう」と質問された。筆者の答えが次のとおりである。

「日本は、金銭がすべての国になっているからです。根本にはお金があります。ハマる方も、人から勝った話ばかり聞かされて、自分もお金を手に入れようと欲を出してパチンコに手を出すのです。

そして、依存症に追い込まれるのです。政府は、やるほうが悪いで済ませようとしていますが、それで済ませてはいけません。依存症に追い込まれて、パチンコをやらされているのです。

業界には、政治家からマスコミ、官僚たちがぶら下がっています。これまたお金です。お金が手に入るならば、マスコミも官僚も政治家も、国民の不幸を考えようとしません」

最後に、パチンカーについて一言と言われて、

「人間は転ぶことが恥ずかしいのではなくて、起き上がれないことが恥ずかしいのです」

と答えた。さらに、

「日本人は、転ぶことを恥ずかしがり、起き上がるまで時間がかかる傾向があります。転ぶことを恥ずかしがらずに、一日でも早く起き上がることが大切です」

と、パチンコ依存症で苦しんでいる人のことを話した。

プロデューサー・キム氏は、「人間は転ぶことが恥ずかしいのではなくて、起き上がれないことが恥ずかしいのです」という私の言葉を大変気に入ってくれたらしく、

もう一度録音させてくれと、再度同じ言葉を要求したほどであった。

たしかに、パチンコが禁止になる前の韓国以上に、日本では事件、事故が絶えないのに、日本のマスコミからは、パチンコを糾弾したり、禁止の声がほとんど上がらないのが、キム氏にとっては不思議に見えるようであった。

多分、韓国でなくても、どこの国であろうとも、それが、ごく普通の市民感覚だと思う。

同じマスコミ業界に携わる人間として、パチンコ禁止の声が上がらない日本のマスコミの現状に納得できかねるのも無理はない。

お世辞かもしれないが「貴方のお話には、フィクションよりも衝撃を受けました。素晴らしい内容の番組になりそうです」と、キム氏は握手を求めてきた。

キム氏に接して感じたことは、日本の新聞社やテレビの人たちは、韓国がパチンコを禁止したことを、なぜ取材に行かないのか、ということである。

握手をしたキム氏の手は、力強くて温かみがあった。報道に携わる人間として真実を知りたいという、熱き心がそこから伝わってきたのである。

二章　なぜパチンコは、廃止されねばならないのか

パチンコ店店員も依存症になる世界

ウェルダン穂積《ほづみ》という芸人がいる。パチンコ店でアルバイトして、一年半になる人物である。

なかなかの努力家で、パチンコ店と同時に居酒屋のアルバイトもしながら、本職の漫才をやり、いつかブレークする日を夢見て頑張っている。Ｍ－１グランプリにも三回出場したが、二回戦まで進んで敗退している。

アルバイトとして考えた場合、パチンコ店の時給は、他の業界よりも恵まれている。彼が勤務している店は大手なので、昼の勤務は時給が一二〇〇円。夜の勤務だと一三〇〇円となる。

しかし、仕事はかなりハードである。玉が入ったドル箱は、五キロぐらいはある。箱をパチンコ台の前に上げたり、運んだりするので、最初は、例外なしに腰を痛める。穂積さんも腰を痛めたが、我慢して頑張っているうちに自然に治ったそうである。

女性店員は、毎日重いドル箱を持ち上げているうちに、二の腕に筋肉がついて腕が太くなるのに悩むことが多い。

　ちなみにカウンターで、特殊景品を渡して、景品交換所の場所をお客から聞かれても、店員は教えてはいけないことになっている。場所を教えると、景品買取屋と店がグルと見られるからである。

　報酬は、他の業界よりも多いのに、パチンコ店の店員はいつもピーピーしている。その理由は、ほとんどの店員が、自分もパチンコをやるからである。パチンコで負け、結果的にほとんどタダ働きになるケースが少なくない。

　実際に、穂積さんもパチンコにハマった時期があり、借金を作ったこともある。一年ぐらいのめりこんだそうで、パチンコ依存症の恐ろしさは身にしみて体験した一人である。男子店員よりは少ないものの、女子店員にもパチンコにハマっている人が多い。

　パチンコ店の店員も依存症になる。ミイラ取りがミイラになるのである。それだけ、パチンコには人を虜《とりこ》にするものが潜んでいる。筆者は、リーチの動きに、サブリミナル効果のようなものが仕組まれていると睨《にら》んでいるのだが……。

毎日、パチンコで負けている人たちを見続けている店員も、依存症になるとは……。なんとも、恐ろしい存在がパチンコなのである。

勤務は二交代制で、早番は朝の九時から夕方の五時まで、遅番は午後の四時半から夜中の十二時半までとなる。遅番は、閉店後の後始末などで十二時半となるのである。

ウェルダン穂積さんは、居酒屋のアルバイトもあるので、昼の勤務が多い。

穂積さんの店は大手の会社なので、入社すると七日間の研修を受けることになる。研修は、主に接客の研修である。たしかに最近のパチンコ店は、店員のマナーが徹底している店が多くなった。下手なコンビニの店員よりもマナーがよい。

彼の勤務する店は、社員食堂もあり、休憩室も完備している。働くものたちに対する思いやりは、他の業界よりもよいと思うと穂積さんは語る。

たしかに韓国系の経営者は、とくに創業者は苦労した経験を持つ方が多いので、人使いがうまい店主が多い。この点は、日本人も見習うべきである。

業界の悪代官、地主、小作人とは

筆者は、パチンコは禁止するべきと訴えているが、パチンコ店の経営者は悪としたならば小物である。とくに小型店の場合は、そうだ。パチンコ店の経営者を小作人とするならば、パチンコ台のメーカーが地主で、その上に警察という悪代官が君臨しているのである。

小作人であるパチンコ店の経営者たちは、悪代官の前で土下座して平伏する。現代でも悪代官は存在するのである。地主である機械メーカーは、どんどん新しい機械を作り、小作人に押し付け買わせている。とくに、人気機種を持っているメーカーに、小作人たちは逆らえない。

昔のパチンコ店は、強面《こわもて》の店長が多かったものだが、今では、そのタイプはほとんどいない。昔は、店員もムショ帰りが少なくなかったので、強面でなくては束《たば》ねられないというのが実情であった。

ターゲットは、年金生活者と主婦

今では、パチンコ業界も大卒が入ってくる時代になっている。昔の暗いイメージは、薄れていることも事実である。

しかし、店員として毎日依存症らしき人たちに接していると、この国はこのままでいいのか、と疑問を感ずると穂積さんは言う。

客は年金生活者も多い。主婦も三分の一以上はいる。都内よりは、埼玉のほうが主婦の数は多いようである。埼玉は、約半数の客が主婦である。埼玉で女性が多いのは、農家も少なくないので、おそらく、専業主婦が多いからだと思う。

今や、パチンコは年金生活者と、主婦がターゲットになっている。なかには、生活保護を受けている客も少なくない。社会的な弱者がターゲットになっていることに、怒りを禁じえない。

最近では、パチンコ業界も女性客を取り込むことに力を入れている。女性のほうが、依存症になりやすいからである。女性はとくに、ギャンブル経験が少ないから簡単に依存症になる。

読者から、メールをもらうことが多いが、圧倒的に女性が多い。主婦の場合は、相談できる相手もいない。ことがことだけに、友人にも相談できなくて悩んでいるのである。

穂積さんは、悲しそうな顔をして、女性がパチンコを打つ姿を見ていると、仕事をしていても虚《むな》しくなると言う。

ネットで、次のような書込みがあった。

俺さ、パチンコ屋で働いていたのよ。お客さんの中にさ、負けても負けても、毎日通ってくるオバちゃんがいたのね。

結構性格のいい人でさあ、たまに勝った時とかジュースくれたりするんだ。

でもオバちゃんの持ち物が、だんだん安物になっていくんだわ。

それで、今まで五万円とか打っていたのに、だんだん使う金も少なくなっていって……、それでも、ほぼ毎日来てたよ。

んで、ある日、「今日はあのオバちゃんこないねえ」って言ってたら、次の日、隣町のパチンコ屋のトイレで首つってたよ。

オバちゃんはパチンコ屋に殺されたっていうか、パチンコが止められずに死んだんだな。俺はその後、一ヵ月ぐらいでパチ屋辞めた。負ける奴で成り立つ商売やってて、平気でいられなくなったわけさ。悪いこといわねぇから、遊びを超えてパチンコにのめり込むなよー。


実にリアルな書込みである。気のいいパチンコ店員の若者が、パチンコ店の現状を直視して、ついに耐えられなくなって辞めたことが素直に書かれている。

「負けても負けても、通ってくる」という記述に、パチンコ依存症の実態が現われている。依存症になって、お金の続くかぎり、借入先が確保できているかぎり、パチンコ店に通わされるのがパチンコ依存症の実態なのである。

月一〇〇万負けるのは、珍しくもなんともない世界

穂積さんも、客から缶コーヒーなどをもらうこともあるから、客の姿を見ていると

辛くなるという。

パチンコが禁止になると、割のよいバイトがなくなるので困るが、それでも辛そうな客の姿を見ていると、パチンコは禁止されるべきだと痛切に感ずるという。

たとえ、連ちゃんして大勝ちしても、嬉しそうな顔をするお客さんはほとんどいない。結局、それまで負けている額を考えれば、嬉しがってもいられないのである。

筆者も、パチンコ店を取材していつも思うが、ほとんどの客は、暗い表情でパチンコ台に向かっていることだ。

嬉しそうな顔をして打っている客は、なぜかいない。玉が出ているときでも、申し合わせたように暗い顔をして打っている。

打っている姿を見ても、心からパチンコをやりたくて打っている人は少ないということが分かるのである。パチンコ依存症になり、やらされているケースが多い。だから、やるほうが悪いで済ませてはいけないのである。

穂積さんは、店員として客を見ていると、毎日来る客もいるが、お金はどうしているのか他人事《ひとごと》ながら心配になるという。

たしかに、一日三万円負けたとしても、一ヵ月で約一〇〇万円である。たまに勝つことはあるとしても、一日三万円はむしろ少ないほうである。かつて筆者は、パチンコで二四〇〇万円負けた人も取材したが、月一〇〇万円負けるのは、珍しくもなんともない。沖縄で、一〇年間で一億円負けた人がいるという話も聞いている。一月に一〇〇万円は、お金さえ続けば簡単に負ける。一日に一八万負けた人にも会ったが、その人は、次の日に朝一で同じ台を打って、その日も五万円負けたと言っていた。

この例を見るまでもなく、パチンコ店は鉄火場《てっかば》なのである。けっして「アミューズメントセンター」などではない。恐ろしいバクチ場なのである。

パチンコ店にATMという恐怖の光景

最近は、ATMを設置する店も多くなった。パチンコ店にATMを設置するなどという、こんな常識はずれのことを何で認めることになったのか？ これが不思議でならない。

金融庁監督局では「ATMの設置場所について届出などは必要ない」としている。これまた不思議である。金融庁監督局といえば、銀行に対しては、厳しい態度で臨んでいる役所のはずだが、なぜ、パチンコ店に対しては甘いのか……。

パチンコ店のATM設置事業は、「トラストネットワークス」という会社が運営しているが、今のところは独占事業のようである。

同社のホームページを見ると「設立趣意」には、「当社は、業界固有のニーズに合わせた銀行ATMサービスを業界個別に開発・提供することにより、利用者の利便性向上と、業界の発展に寄与する事を目的として設立されました」となっている。「業務内容」は「金融決済サービス（ATM運用サービス、他）の企画・運営」とある。

クレジットカードは使えなくて、銀行のカードだけで、限度は三万円とされているが、複数の銀行カードを持っていれば、三万円以上引き出すことも可能である。

基本的には違法な賭博場に、ATMの設置を認めるなどは、日本の常識が世界の非常識と言われても仕方がない。金融庁も警察も、関係する機関はすべて黙認なのである。

ＡＴＭまで設置して、国民をパチンコ漬けにする国がまともな国とは思えない。バクチ場に現金引き出し機を設置してまで、金をむしり取るのはいかがなものか。これをなんとも感じなくなっている社会こそが問題なのである。

穂積さんが仕事で見ていると、負けが込んで、液晶画面につばを吐きかける客もいるという。店の休憩コーナーに一日いて、パチンコを打たない人もいる。休憩コーナーに置いてある雑誌は、しょっちゅうなくなる。たとえ雑誌でも、厳密には窃盗には変わりがない。

最近のパチンコ台は、紙幣挿入口へ金を直接入れて打ち、途中で止めるときはコインが出てくるようになっている。トイレに立っている間に、コインを盗まれるのはしょっちゅうあるという。

手にお守りを握りしめて打っていた年配の女性は、ある日ドル箱を五箱積んでいた。次々と飲み込まれて、穂積さんが、最後の一箱を台の前に上げてやったら、ポロッと涙を流した。

店内は、まさに賽《さい》の河原《かわら》

穂積さんは、六〇過ぎたおばちゃんが、涙を流しながら打つパチンコの存在に疑問を感じた。そこまで依存症に追い込むパチンコが放置されていることに疑問を持ったのである。

彼女の服装は、かなり貧しそうで、スニーカーも磨り減っていて、着ているシャツも、かなり着古したシャツであった。髪もばさばさで、化粧した跡のない顔には脂が浮いていた。

パチンコ依存症の女性たちは、靴やシャツを買う金があれば、パチンコに突っ込んでしまうのである。

パチンコ依存症になれば、車にも、服装にも金をかけなくなる。すべて、パチンコに使う金が優先になる。車の販売実績も、デパートの売上げも、落ち込むのも無理はない。

買い物などは興味もなくなる。買い物するお金があれば、当然のごとくパチンコにつぎ込むのである。

五万円以上つぎ込み、負けが込んでいた五十代の男は、穂積さんの耳元で「この店をつぶしてやる、俺は山口組と付き合いがある」と囁《ささや》いたという。

服装を見ても、トレーナーを着ていて一見して半端者《はんぱもの》である。青黒くむくんだ顔をして、どう見ても、まともな職業についているようには見えない。顔の表情が荒《すさ》んでいた。

本物のヤクザは、パチンコなどというチンケな遊びはやらない。彼らがやるのは、闇のカジノでルーレットやバカラ、または手本引きなどで大金を賭けて勝負する。大の男が、ウィークデーに昼間から、パチンコ店でうろうろしているのは、まともな姿ではない。

穂積さんに、夕飯のおかずも買えなくなったと嘆く女性も珍しくない。夕飯のおかずどころか、子どもの給食費まで負けて、給食費が払えなくなるケースもある。

学校で、子どもが給食費が払えなくなるケースは、パチンコで負け続けている母親に多い。子どもには罪はない。学校も、子どもを責めてはいけない。パチンコにハマって、子どもの給食費まで負ける親が悪いのである。

さらに言うならば、違法な換金のイカサマ博打を、見て見ぬふりをして放置している政府が悪いのである。何でも政治が悪いというつもりはないが、パチンコに関しては、政治も行政も出鱈目《でたらめ》すぎる現実がある。

穂積さんは仕事として、パチンコを打つ人たちを見ていると「賽《さい》の河原《かわら》」を連想するという。この世の姿とは思えなくなるそうである。悪鬼のような形相《ぎょうそう》で、パチンコ台と向き合い玉を弾《はじ》く姿は、賽の河原を再現しているように見えてならない、と彼は言う。

賽の河原で石を積み上げるように、パチンコ台の前にドル箱を積み上げる。そのドル箱も、簡単に飲み込まれてスッカラカンになる。賽の河原では、石を積み上げて仏塔を作るが、出来上がるころになると、鬼が来て積み上げた石塔を壊してしまう。

結局、賽の河原で積み上げた石が次々と壊されるように、積み上げたドル箱は、あっけなく飲み込まれてしまうのである。まさしく、パチンコ店は、穂積さんが語るように「賽の河原」なのである。現代の賽の河原がパチンコ店なのだ。

その賽の河原が、全国津々浦々にあり、どんな田舎に行っても、現代の賽の河原が存在する。恐ろしいことである。金の問題よりも、パチンコにより人心が荒廃させられている。これが何よりも恐ろしいのである。

母を殺し、金を盗《と》ってパチンコ店に行った息子

子殺し、親殺しは、パチンカーに多いといわれている。パチンコによって荒廃した心が、ついには、親殺しや子殺しまで発展するのである。パチンコで負けた腹いせに、子どもに当たる母親が多いといわれている。

最近、子どもを虐待で死なせる事件が多くなっている。パチンコで負けて、サラ金規制で、サラ金からも借りられなくなり、自暴自棄になって子どもに当たっているとするならば、地獄絵図である。とても、この世の姿ではない。

子どもの虐待死事件は、二〇〇八年が六一人。二〇〇九年が六七人と年々増え続けている。動物でも、子どもは大事に育てる。舐《な》めながら、愛《いと》おしそうに育てている。

子どもを殺すのは人間の親だけである。それも、世界でも日本が一番多い。その原因はパチンコにある、と言えば言いすぎになるかもしれないが、当たらずとも遠から

ずではないか……。

パチンコ依存症の息子によって、母親殺しが二件も発生している国がまともなわけがない。母親殺しの一人は、パチンコにハマる前は真面目で、父親の経営する喫茶店の手伝いをする姿がよく見かけられたという。

その真面目だった息子は、スロットにハマって母親を殺した後に、母親の金を持ってパチンコ店に行ってスロットを打っている。まるで地獄絵図である。

殺人にいたらなくても、親の金をくすねて、パチンコ店通いをする若者は少なくない。

穂積さんも、一時パチンコにハマったことがあるので、親の金をくすねてまでやる気持ちは分からないではないが、自分はそこまでは堕《お》ちなかったという。

よく止《や》められましたね、と聞くと、六〇歳過ぎの女性が、涙を流しながら打つ姿を見ていたら、何としても止めなければいけないと思い、芸の修業に集中することに専念したら、何とか止められたという。

まともな国ならば、最初の母親殺しが発生した時点で、あるいはもっと前に、マスコミがパチンコ禁止のキャンペーンを張って、政治家や世論を動かし、パチンコ禁止に向かって動いていたはずである。

実際に韓国では、マスコミがパチンコの被害に敏感に反応したことが、前述した新聞報道を見ても理解できる。マスコミが、政治家や役人を動かして、パチンコ禁止を実現している。この違いは何からきているのか。

穂積さんも、韓国がパチンコを禁止できて、なぜ日本はパチンコを禁止できないのでしょう、と疑問を述べていた。毎日仕事に出るたびに、パチンコで身ぐるみ剝がされて暗い顔をしている客を見ていると、いたたまれなくなると言う。

これが、正常な感覚を持つ人間なのである。どうやら、日本の政治家は正常な感覚というものを、持ち合わせていないようである。

これだけパチンコの被害が多発しているのに、傍観しているどころか、パチンコの換金の合法化に手を貸そうとしているのである。

パチンコの害を批判する韓国、しない日本

若い男性の、読者からのメールはそんなに多くはないが、了解をいただいた分のメールを抜粋して紹介してみたい。

パチンコを止められなくて悩んでおります。一八歳でスロットを始め、四号機の規制以降、パチンコを中心に打っています。

最近、本当に深刻なものになっていると実感しております。現在、私は昼間に仕事をしつつ夜間の学校に通っております。実は本日、自分で学費を払っているのにもかかわらず、学校をサボってパチンコをしておりました。

結果は、毎度のごとくの同じ結果で、ホールを出る瞬間、本当に自分が怖くなりました。ただ、この感覚は数え切れないぐらい体験しているように思います。

その中で、若宮さんの本（注：筆者の前著『打ったらハマるパチンコの罠PART2』）に出会えたのは非常に嬉しく、帰宅するなりすべて読ませて頂きました。

「パチンコ依存症の兄」のお話では、私自身も長男であり、両親にギャンブルで作

った負債を立て替えてもらった事もあるので、読み終えた時には涙が出ました。一歩間違えば、それとも一歩間違えているかもしれません。泣いても、苦しい思いをしても、悲しい思いをしても、次の日は忘れたようにホールに向かっています。

もうお金がないので、給料日まで行くことはないと思うのですが、今、こうやってメールを送らせてもらっている内容が嘘のようにホールに向かいそうで、最近、なにがなんだか分からなくなっているのが現状です。

メールを送らせていただいているのも、自分勝手な気休めのように思うのですが、何かを変えなければいけないと思っているのも事実で、失礼ながらメールを送らせて頂いております。

このような、有望な若者たちが、パチンコに苛《さいな》まれているのが実情なのである。韓国でも、若者たちがパチンコで堕落していくことに、何よりも危惧を持ったという。

たしかに、韓国の新聞でも若者の自殺が報道されている。パチンコの害について新聞が批判している。それが、普通の国のあるべき姿なのである。韓国が特別な国ではなくて、ごく普通の正常な感覚を持っていたに過ぎない。
この国の将来を、担《にな》ってもらわなくてはならない若者たちを、パチンコで苦境に追い込んでいる現実がある。これでは、国の将来に対して、絶望的にならざるを得ないのである。

「民主党も、自民党も信じられない」

次も、若者からのメールである。

　自分はパチンコ依存症です。依存症になったことをパチンコ業界のせいにするつもりはありませんが、もう馬鹿らしくてパチンコをやる気がなくなりました。パチンコ業界を抹殺する国会議員がいて欲しいです。自民党も民主党も信じられません。

自民党も民主党も信じられません、という表現に正直な気持ちが表われている。パチンコ議員が跋扈《ばっこ》している現実を見れば、自民党も、民主党も信じられないのも当然である。

それにしても、「依存症になったことをパチンコ業界のせいにするつもりはありませんが」という、この心意気が泣かせる。

とくに、パチンコ議員が多い民主党の方々に、このメールを読んでほしい。「パチンコ業界を抹殺する国会議員がいて欲しい」、この切実な願いをどう聞くのか？

筆者のホームページを見て、メールをくださる方もいる。

三四歳の男です。私がスロットを止める事ができたのは、若宮さんのホームページのおかげです。特に衝撃を受けたのは、

★パチンコを法律で禁止した韓国と、その報道を拒絶している日本のマスコミ。

★エスパの御曹司と「神田うの」の、六億円の披露宴とその取り巻きについての記

事です。

私は、二四歳の時からスロットにハマり、気がつけば計一二七万円をカード会社と消費者金融に借りてしまいました。ちょうど、そのタイミングで会社から早期退職応募制度があり、二九七万円もらって会社を辞めました。

今、会社を辞めてスロットも止めて一ヵ月経ちます。本当に情けないです。会社が傾き会社を辞めることは仕方のないことかも知れませんが、スロットにハマり一二七万円も借金してしまったことは、今思うと本当に情けないです。

しかし、私は運がよいほうです。この会社からの二九七万円で生まれ変わりたい。いや生まれ変わらなければならない。そう決意しています。

この男性の場合は、まだ恵まれている。冷静に自分を分析している。この方の場合は、間違いなく立ち直れる、と確信している。

こうしてみると、パチンコ経営者の六億円の結婚式も、庶民は正常な感覚で見ているのである。あれを持て囃《はや》したマスコミ、とくにテレビが正常な感覚を失っていたのである。

読者からのメールを読ませてもらうと、パチンコをやるほうが悪いで済ませようとしている政治家たちに怒りを禁じえない。

業界が「依存症対策セミナー」を開く偽善

現実に、パチンコ店の店員として、毎日依存症の人たちと向き合っているウェルダン穂積さんの証言は、考えさせられることが多い。

彼の証言を聞いていても、「やるほうが悪い」で済ませてはいけないのが、理解していただけると思う。客は、依存症に追い込まれて、パチンコをやらされているのである。

穂積さんの証言にもあるように、最近、女性の客が多くなっている。主婦の場合は、当然のことながら家庭生活に影響が出ているはずである。当然、子どもへの教育が疎《おろそ》かになるだろう。依存症になると、子どもの教育どころではなくなる。

パチンコ店の店員として冷静に見聞きした話を聞いてみて、依存症に追い込まれる客の心の弱さも否定はできないものにしても、巧妙に客を依存症に追い込む、業界の姿勢こそが問題なのである。

業界では、「リカバリーサポート・ネットワーク」なるものを運営して、依存症の対応を行なっているというが、ホームページを見ると、「ギャンブル問題を持つ家族のためのセミナー」が月に一回行なわれていて、入場料が二〇〇〇円である。

自分たちが作り出した依存症に追い込まれた病人を集めて、さらに入場料まで取るとは、呆《あき》れてものが言えない。パチンコを経験したことのない、学者や医師の話を短時間聞いて、依存症が治るとは思えない。

ホームページには、こう述べられている。

「リカバリーサポート・ネットワークは、ぱちんこ・パチスロの遊技に関する依存及び依存関連問題解決の支援を行うことを目的に設立された非営利の相談機関です。問題でお悩みの方やそのご家族を対象に、無料で電話相談を実施しています（傍点著者）」

電話相談が無料ならば、セミナーで入場料を取るのはおかしい。

どんな綺麗ごとを言っても、依存症を作り出している張本人が、依存症対策の活動をしても、偽善にしかみえない。

筆者は、実際に自分でもパチンコを経験しているから書けるのである。依存症にはならなかったが、自分で経験していなければ書けないし、とても相談に乗れるものではない。

偽善的に、体裁を整えるために、エセ学者や、医師を引っ張り出してセミナーを行なっても解決がつく問題ではない。なぜならば、相談者は命がけの場合もあり、人生がかかっている場合もあるからなのである。

自動販売機に規制がかからない不思議

パチンコの問題に限らず、この国には、偽善、欺瞞《ぎまん》が蔓延《まんえん》している。

省エネが盛んに謳《うた》われ、エコ、エコと煩《わずら》わしいほどだが、一方で、自動販売機の設置数は世界一である。二四時間モーターを回し続けて電気を浪費し、冷却のモーターから熱を発し続けている。

二〇〇八年末の数字で自動販売機の設置台数は五二六万三九〇〇台、年間売上げは、五兆七四七八億円余である。自動販売機を減らす機運はまったく見えてこない。野放し状態であるし、むしろ、増え続けている。

タバコの自販機は成人識別の必要から、減少傾向にあるものの、飲料の自販機は増える一方である。自動販売機を半分に減らせば、原発が一基要らなくなるといわれている。

都市の美観を損《そこ》ね、エネルギーを浪費し、モーターから熱を発散させ、ほとんどよいことがない自動販売機が放置されていることに、パチンコ問題と似た構造を思い起こされてならない。

政治家は、献金してくれる組織には弱いのである。エコノミストも、自動販売機の放置に対して言及する人物はいない。エコノミストも企業には弱いのである。セミナーなどで企業から声がかかり、高額の講演料を手にして企業のお世話になっているからかどうかは知らないが。

偽善や欺瞞の多い点では、日本は世界でもトップクラスなのである。

こうしてみると、すべてが金に繋がっている。換金が違法な、イカサマ博打であるパチンコが放置されているのも金。世界一多い自動販売機が放置されているのも金。偽善や欺瞞が横行するのもお金のせいなのである。お金がすべての国になってから久しい。小泉《こいずみ》・竹中《たけなか》氏が推進した新自由主義とは、金がすべてで、心は二の次であったのだ。

一〇年八月になってから、急に一〇〇歳以上の行方不明者の話が飛び出している。高齢者が、何で行方不明になっているのか？　それも、全国で発生している。

現代の姥捨山《うばすてやま》なのか、なんとも理解に苦しむ現象である。自分の親の居場所も分からないのであれば、とても人間社会とはいえない。まさに地獄絵図である。

この国の、社会の荒廃が進んだのは、長年にわたるパチンコの野放しと、直近では小泉政治が原因と言っても過言ではない。

親が子どもを殺し、子どもが親を殺し、時には、祖父が孫を殺し、孫が祖父を殺す。世界でもこんな国はない。

小泉政権では、「後期高齢者医療制度」で高齢者を捨て去ろうとした。今起きている、高齢者の行方不明者の事件も、そのころから発生しているのではないのか？

この問題はさておき、この国はいつまで持つのか心配になってくる。高齢者の行方不明は、どう考えても不可解である。

客が絶対に勝てない、恐怖の「顔認証システム」

穂積さんに、聞きにくいことを聞いてみた。穂積さんが勤めている店で、不正を行なっていないかということである。穂積さんの答えは、不正は行なわれていないと確信している、というものだった。穂積さんの会社は、経営者がしっかりしているので、不正は考えられないと言う。

だが最近は、遠隔操作から、顔認証システムまである。遠隔操作は、パソコンでできるので、店の中でやらなくても、経営者が自宅にモニターを設置しても、自由自在に出玉を操れる。これをやられたら、絶対に勝てない。

極端な話、この野郎気に食わないと思えば、絶対に当たらなくもできるのである。実際に遠隔操作を行なって検挙された店が何軒もある。

顔認証システムとは、店の入り口にカメラを設置して、来店客の「顔」を検知することで、さまざまな客の管理が可能になるシステムである。オムロンが開発し、二〇〇四年十月に、オムロンアミューズメント株式会社というパチンコ機器会社を設立して取り扱っている。

客が入店すると、「顔」を検知して入店者の数をカウントする。正確な入店者数が出る。そして、カウントした顔画像をデータベース化する。客の顔画像を、他の店と共有すると、正確な情報を知ることができる。

最近勝っているか、負けているか、データベースで一目瞭然となる。今日は少し勝たせてやるか、と飴《あめ》をしゃぶらせることもできる。これをやられたら、どんなプロでも勝てない。遠隔操作と組み合わせたら、最強のシステムである。

このシステムの導入金額は、最低五〇〇万円前後といわれている。店側にとっては、五〇〇万円出しても設置したいと思うだろう。

オムロンでは、次のように報告している。

出願番号・特許出願二〇〇二―五七六七四
出願日・二〇〇二年三月四日
公開番号・二〇〇三―二五一〇五九
出願人・オムロン株式会社
発明者・一色信賢他三名
発明の名称・遊技管理システムとそのプログラム及び遊技許容装置
「要約」
『課題』会員登録などの顧客の手続き、及び遊技ホールの店員による処理を全く行うことなく、遊技者（顧客）及び遊技データーを確実に管理することができる遊技管理システムを提案し、遊技ホールに対して顧客や遊技データーの管理要求に答えると共に、顧客に対して快適な遊技環境を提供する。
『解決手段』遊技媒体に基づいて、遊技を許容する遊技機と前記遊技に関する遊技データーを管理する管理サーバーとを備えた遊技管理システムに対して、遊技者の身体から該遊技者の生体に関する生体特徴データーを取り込む特徴取り込み手段と、前記生体特徴データーを前記遊技データーと結合して形成する遊技管理データーを記憶する記憶手段と、前記遊技管理データーに基づいて情報を出力する出力手段を備えた。

これは、以前オムロンのホームページで紹介されていたが、現在は載っていない。おそらく穂積さんの店では採用していないと思うが、このシステムがかなり普及している、と見るのが正しい。

ここまでやられても、パチンコを打ちたいと思うか――筆者ならとてもパチンコを打つ気にはなれない。

警察に対する業界の涙ぐましい心づかい

全国のパチンコ店の多くが加盟する「全日遊連（全日本遊技事業協同組合連合会）」によると、二〇〇八年六月末時点での全日遊連加盟のパチンコ店は、一万二一八〇店舗、パチンコ遊技機設置台数一四四万八八三六台となっている。

警察庁の発表だと、営業許可をベースにしているため、廃業しても、許可を返納していないケースはカウントされない。実数よりも若干多く計上される。

これだけパチンコ台の代替サイクルが速くなると、当然のことながら、コケる（人気がなくて早々に撤去される）パチンコ台も出てくる。

穂積さんに、今までのダメな台について聞いてみた。「カリブ倒産」という言葉が、業界で話題になったことがある。

『海物語』の新シリーズとして『ハイパー海物語INカリブ』が二〇〇七年の末に発売になった。この台が大コケしたのである。

パチスロの四号機の規制で苦境に立たされていたころなので、パチンコ店は、争うようにこの新台を入れて勝負に出た。それが大コケで、客はあっという間に離れていった。

一台三〇万円としても、一〇〇台入れると三〇〇〇万円である。それが大コケとなれば、「カリブ倒産」もまんざら冗談で済まなくなるのである。

客は現金なもので、性能的にダメな機械からはすぐに離れる。『石原裕次郎』もダメな台で、客がすぐに離れた。性能的に問題がある機械は、海であろうと裕次郎であろうと、客はすぐに離れるものだ。

パチンコ店は、新台であろうと、中古台であろうと、機械の入替を行なう際には、必ず所轄警察署に変更承認申請を行なう。これは「風営法」で義務付けられている行政手続きであり、これを怠ると営業停止などの行政処分のほかに、刑事罰を課されることになる。

この他にも、パチンコ店を縛る法律は多い。そのため、業界では政治家を動かして、換金の合法化と、管轄を警察の手から地方自治体に移すことをはたらきかけているのである。

かつて全国のパチンコ店のほとんどが加盟している「全日遊連」が機械の入替を自粛したことがあった。二〇〇八年七月、洞爺湖《とうやこ》サミットが開催されたときである。要するに、警察のご機嫌を取ったのである。

パチンコ台を新しくする場合は、導入する遊技機に関する部分についてのみ、営業許可申請業務を再び必要とする。

「変更承認」というこの手続きも警察が窓口になっている。「営業許可実務における、遊技機に関する部分」ということなので、かなり厳しいチェックを受けることが多い。

申請書類と実際にパチンコ店に設置されている機械を見比べる現場の立会い業務も行なうため、その間は営業もできないし、警察職員が張り付くことになる（立会いのないところはこの限りではない）。

サミットのような重要な会議になると、世界中の要人が現地に入る。警備を担当する警察は、全国の警察本部から応援に行くことになり、なにかと忙しい。そこで、そんなときは、パチンコ台の入替を自粛します、警察にお手間を取らせませんということになったのである。

今こうして原稿を書いている二〇一〇年十月の全日遊連の会報にも、十一月に横浜で開催されるＡＰＥＣの期間前後には、パチンコ台の入替を自粛するようにとの呼びかけが載っている。

穂積さんが、パチンコ店の店員のアルバイトをして感ずることは、日本人は騙されやすい国民性を持っているということである。

マルチ商法にしても、次から次へと新しいマルチが出現する。そのたびに、被害者が現われる。日本は、法律的にも甘い一面があるから、懲《こ》りもせずに残党たちが新しいマルチを立ち上げるのである。

要するに、この国は箍《たが》が緩んでいるのである。締りがなくなっているのである。それがパチンコの問題に集約されている。「このままでいいのでしょうか」と、パチンコ店店員のアルバイトを続ける穂積さんは呟《つぶや》いた。

パチンコ店の店員として、パチンコ業界から生活の糧《かて》を得ている穂積さんでさえ、問題意識をもち、パチンコで身ぐるみ剝がされている人たちに対する同情心を失っていない。

国民の、生命財産を守ってやらなくてはいけない国会議員や官僚から、パチンコの被害に対して何の反応も出ていないということは、この国のありように対して疑問を持たざるを得ないのである。

現実は、反応を示さないというよりも、パチンコ業界に手を貸しているのが、日本の政治家の実態なのである。最近は、換金の合法化までやろうとしている。

この国の、救いようのない姿が、パチンコに凝縮されているのである。

主婦を直撃する貸金業法の改正

主婦やOLの、パチンコ依存症が増えている現状を考えれば、民主党の目玉政策である「子ども手当」も、パチンコに消えていく可能性が高い。

六月のとある日に、筆者の自宅近くのパチンコ店を覗《のぞ》いてみた。設置台数は、パチンコ台が四〇〇台、スロットが一四〇台の、少し大きめの店である。

給料日前の二十四日、お客は女性が七六人、男性が一三五人で、女性が四割近くを占め、その多さに驚くばかりであった。女性は、二十代と思しき人は五人、あとは四十代以上の女性がほとんどで、中には七十代以上に見える人も数人いた。

ほとんどが主婦である。給料日前なのに、お金も続くものである。パチンコのお金だけは、何としても工面してくるのだと思われる。

二〇一〇年六月十八日から、完全実施されたサラ金規制で、借り入れが厳しくなり、途方にくれる人が増えていると報道されている。改正貸金業法が実施されてから、借り入れを断られて、初めて制度改正に気が付く人も少なくないという。

今回のサラ金規制は、主婦に対して厳しくなった。夫の同意書や年収証明を提出しなければ融資を受けられなくなっている。消費者金融大手のほとんどは、こうした事務手続きのコスト負担を嫌い、専業主婦への融資自体を中止する方針だ。

金融庁は六月十一日、制度改正に伴って当面の資金繰りに困る顧客を支援するため、三ヵ月返済を条件に、最大一〇万円を融資する「特別緊急貸付」を総量規制の対象外とすることを決め、消費者金融各社に同貸付を実施するよう求めている。

三ヵ月という期限で一〇万円を借りて、その後どうするのか、お役人の認識はあまりにも実態を知らなさすぎる。お座なり対応の一〇万円で、どうなるものではない。

この改正が、自殺者を増やすことにならないことを祈るばかりである。

業界からは、貸金業法改正の広報宣伝費に、地デジ普及にかけたほどの広告宣伝費を使ってくれたら、これほど混乱しなかった、との声も上がっている。

とくに専業主婦の場合は、ご主人に隠れてパチンコをやっていたのが、サラ金の借り入れができなくなって、ご主人にばれる例も多くなると考えられる。

改正貸金業法の基本的なことは、顧客への融資を年収の三分の一以下に抑える総量規制と、上限金利の引き下げが柱となっている。本来の狙いは、高金利での過剰融資に歯止めを掛けることであった。

サラ金大手は、現金自動預払機（ＡＴＭ）での融資を中止する会社が増えている。急に借り入れができなくなった顧客から慌てて電話が入る例が増えて、各社対応に追われているという。

日本信用情報機構によると、消費者ローンの利用者は一〇年三月末時点で、約一四二〇万人。金融庁は半数の七〇〇万人に、年収の三分の一超の借り入れがあると見ている。

サラ金規制により、サラ金から借りられないパチンコ依存症の主婦が増加している。このままでいくと、闇金に主婦が押しかけ、闇金が高笑いするばかりということになりかねない。

上限金利の引き下げを目論んだ法律が、闇金の高金利に追い込むことになり、逆に庶民を苦しめることになりはしないか、この点が心配である。

パチンコ店のイベントに、天下の横綱がやってくる

筆者の住んでいる、さいたま市の岩槻《いわつき》区は、合併して市が区となり、人口が約一〇万人で、パチンコ店が一九店舗もある。設置台数合計が六九〇九台。区民、約一五人に一台の割合である。一番大きな店は、パチンコとスロット合計で一二二四台もある。

筆者の自宅近くの店は繁盛していて、タレントを呼ぶのが得意で、ときたま、イベントをやっている。

昨年は、白鵬《はくほう》も来ていたし、石田純一《いしだじゅんいち》や、中尾彬《なかおあきら》夫妻、デビ夫人も来ていた。新聞に折り込み広告が入るから、店に行かなくても、どんなタレントが営業に来たか分かる。

それにしても、天下の横綱が、パチンコ店で営業をやるとは、横綱の権威も落ちたものである。パチンコ店は、どんなところなのか分かっていて営業に来ているのだろ

うか？　日本相撲協会は、天下の横綱がパチンコ店で小銭を稼ぐことを許可しているのだろうか？

芸能人は、チャリンと小判の音がする所へは、どこでも駆けつける人種だから仕方ないとしても、角界の手本になるべき横綱が、法律的には違法賭博のパチンコ店で営業するとは、あまりにも節操がなさすぎると感じるのは筆者だけだろうか。

聞くところによると、パチンコ店での白鵬のギャラは一〇〇万円だそうである。ちょっと話をして、お客さんと写真を撮ったり、色紙にサインをしただけで、ギャラが一〇〇万円では笑いが止まらない。

日本は、彼らにとってはこたえられない国なのである。相撲で番付けが上がると、お金が簡単に面白いほど懐《ふところ》に入ってくる。そして、マスコミはわけもなく、やたらチヤホヤしてくれる。

日本の親方が、なぜ彼ら外国人力士に舐《な》められるかと言えば、ご祝儀のピン撥《は》ねをするからだと聞いたことがある。朝青龍《あさしょうりゅう》が、高砂《たかさご》親方を小バカにするようになったのも、朝青龍の結婚式のときのご祝儀を、ピン撥ねしたからだと言われている。

朝青龍にしてみれば、協会も、親方も、俺が食わせてやっているぐらいのつもりになっていたとしてもおかしくない。

親方と酒席に顔を出せば、何十万円の祝儀が入る。横綱や大関ともなれば、五〇万円以下の祝儀はありえない。外国人の関取にしてみれば、祝儀は自分にくれたものだと考える。だから、親方のピン撥ねは許せないのである。

筆者の自宅近くのパチンコ店は、いつも、客が入っていて景気がいいから、高いギャラを払ってタレントや横綱も呼べる。

今や、景気のいい業界はほとんどないから、プロダクションにとっては、パチンコ様々《さまざま》なのである。パチンコ店では、どうせ税金を払うのならば、タレントを呼んで気前よく使ったほうがいいと考えているかもしれない。

「子ども手当」もパチンコ代に消える

「子ども手当」は、パチンコ依存症の主婦にとっては、「子ども手当」というよりも「パチンコ手当」なのである。

子ども手当は、おそらく、簡単にパチンコ台に飲み込まれていくことだろう。たしかに、パチンコをやる女性にとっては、月に一万三〇〇〇円は助かるだろう。

子ども手当は、四ヵ月分まとめて銀行に振り込まれるから、五万二〇〇〇円。一回分のパチンコ代の金額にピッタリである。今のパチンコは、二万や三万の元手では心細くて打てない。二、三万円の金は、すぐに消えていく。四ヵ月分振り込まれる五万二〇〇〇円の子ども手当は、金額的にもパチンコ一回分なのである。

しかし、これも税金だということを忘れてはいけない。子どものいない独り者は、パチンコ依存症の主婦のために、税金をパチンコに使わせてやるようなことにもなりかねない。

パチンコ依存症の女性からのメール

読者の方からのメールは、圧倒的に主婦の方が多い。筆者は、依存症に追い込む業界、それを放置している政治を憎む。依存症に追い込まれる女性たちは、間違いなく被害者なのである。

依存症に追い込まれた、女性の読者からのメールには辛いものがある。了解をいただいたメールから、抜粋して紹介したい。

私はパチンコ依存症になり、早一一年目の今年二九歳になる女性です。ここ十数年の間に、おそらく一〇〇〇万円以上つぎ込んでいると思います。湯水《ゆみず》のように使っていました。こんな状態を脱したいと思い、探し、若宮さんの本に出会いました。

パチンコ依存症の本を読むのは人生初めてのことです。まさに衝撃的でした。まだ読み終わってはいませんが、それでも、毎日行っていたパチンコを、日曜、月曜の二日間、行きませんでした（というか我慢できました）。

今年五月よりうつ病のため、今現在仕事も休職しています。気分が落ち込む分、パチンコのドキドキ感、当たったときに脳内に嬉しさがシャワーのように出てくるので、その快感を得たくて、ほぼ毎日行っていました。

私はもう、金銭的な部分で、家族に迷惑をかけたくありません。それでも又、今日行ってしまうのではないか、と心配に不安に駆られます。

私も、まず一か月我慢しなければ。先月初めて、ファイナンシャルプランナーの方に家計診断をしてもらいましたが、節約したいと思っている人は、パチンコなんかしない、とあしらわれました。

確かにそうですが、悔しかったです。私が悪いのですが、やめたくてどうにもならないのに……。（中略）

私も世の中の役に立ちたいです。その前に止められる努力をします。

辛い依存症の状況がリアルに語られている。

相談に対して、励ましのメールを送った後に届いたのが、次のメールである。

その後、私はパチンコを止められずずるずると今にいたっております。恥ずかしい限りです。ですが、今まで使っていた、時間、お金は、以前と比べると格段に短く、少なくなりました。少しだけ進歩した気がします。

パチンコ依存について、カウンセラーにも相談してみました。私の場合、急にパチンコを止《や》めないほうがいいとのことでした。少しずつ、何かに置き換えながら、いつか止めたいです。私のように、急にギャンブルを止められない方も結構いるのでは？　と思いました。罠《わな》にはまってしまうと、痛い目に遭いますね。

私は、他の方のようにパチンコを止められません。若宮さんに励ましていただいたのに、裏切ってしまい恥ずかしいです。それでも何かお役に立てるのでしょうか？

このメールを拝見しても、パチンコ依存症からの脱出はかなり大変なことが読み取れる。

パチンコで肥え太っている人たちへの訴え

次の方のメールも、心打つものがある。

私は、つい最近好きな彼と別れました。パチンコが大半の理由でしょう。

七年前、パチンコ屋へ入る事さえも出来なかった私を、彼が初めて連れて行ったとき、大当たりして勝ちました。それまで、真面目に主婦業に専念していた私には、まったく違う世界でした。別れた夫とは全く違うタイプの人で、人を疑うことを知らなかった私は、その後七年間、彼に言葉で、態度で、嘘で振り回される事になったのです。

暇さえあればパチンコ。負ければ「俺は罰を被《こうむ》っている。あの台に俺は縁がなかった」などと不愉快な発言、相手は機械なのです。人間は、月に行き宇宙で暮らそうと言う時代です。

今やパチンコは、コンピューターでボタン一つで何でもできる時代です。センサーがついていてもおかしくありません。彼が散々打って止《や》めた台に、違う人が座って五〇〇〇円で連チャンという事が日常茶飯事なのに変だと思わないのです。

おかしいと言う私に、「お前は邪気がある、素直じゃない」と耳にタコが出来るほど言われました。明らかに出そうにない台にハマっても「この台はよい台だから絶対に出る」とパチンコだけは、凄く前向きなのが不思議でした。

優しく良い面もあると思い、私は彼と別れたくても出来ませんでした。彼との喧嘩の原因はほとんどパチンコでしたので、パチンコさえしなければと思っていました。（中略）

私の住んでいる○○では、次から次へとパチンコ屋が進出し、サラ金と、パチンコ屋の看板ばかりの町並みに世の中が狂っている感覚を感じ、当たり前のようにパチンコのコマーシャルがテレビで流れている事に腹立たしさと、恥ずかしさを感じていました。

果ては、一円パチンコで、一円のお金さえむしりとろうとする汚さに耐えられない気分です。どうして、国は、県は、市は規制しないのか、○○地区がこんなに経済が落ち込んでいるのも、皆がパチンコ屋にばかりお金を落とし、世の中に回さないからだと、一人心の中で叫ぶ力の無い自分が情けなくもありました。

パチンコのお金は、他国に流出していると聞きます。日本は、食い物にされているのでしょうか？　この国から、パチンコが無くなる事を願っています。全ての崩壊の原因のひとつでも無くなればと思います。パチンコは危険な麻薬です。パチンコ屋に関わり、肥え太っている芸能人や全ての裏にいる人たちも真剣に考えて欲しいです。

「パチンコは危険な麻薬です。パチンコ屋に関わり、肥え太っている芸能人や全ての裏にいる人たちも真剣に考えて欲しいです」とあるが、まったくご指摘のとおりなのである。芸能人たちが、パチンコのモチーフに次々と登場して、多額のギャラを手にしている。少しは、恥を知ってほしいと思うのは、筆者だけではないはずである。

裕次郎《ゆうじろう》が草葉の陰で泣いている

裕次郎がパチンコ台に登場したときには、心底腹が立ち、石原プロに抗議のメールをしたほどである。

あのころ、毎日のように『石原裕次郎』のパチンコCMがテレビで流れた。筆者のホームページのブログ『社会風刺』でも、次のように書いた。

裕次郎のパチンコ台CMがテレビに流れている。一体石原プロは何を考えているのか、極めて疑問を感じてならない。渡哲也社長には失望した。裕次郎を社会悪と言っても過言ではないパチンコに引っ張り出さなければならないほど、石原プロは困窮しているのかと考えてしまう。

渡社長は、パチンコはどんなものなのか知らないとは言わせない。それほどアホではないはずだから……。こんな下らないものに引っ張り出されて、裕次郎が草葉の陰で泣いている。石原プロは、裕次郎の遺産で食っていると言われても仕方がない。

石原プロは、裕次郎ファンの夢を壊して、ファンに対して失望を与えた。この罪は大きい。そんなに銭が大事なのか。そんなに銭が欲しいのか。つくづく情けなくなる。裕次郎ファンの心に傷を負わせて、大々的に法事を行なう意味がどこにあるのだろう。

国民的スターだった裕次郎の名誉も守れないで、国立競技場で法事を行なうなどふざけるな、と言われても仕方がない。兄の慎太郎氏はテレビのCMを見て何にも感じていないならば、感覚を疑わざるをえない。

パチンコの弊害はニュースを見ていれば分かるはずである。一家離散、自殺者、犯罪の多発などパチンコの弊害は大きい。それに裕次郎を登場させるとは、語るに落ちた。

石原プロに猛省を促したい。銭のためなら裕次郎の名誉も汚すのか、と。

少し強硬に書いたが、裕次郎がパチンコ台に登場したテレビのCMを見て、怒りを覚えなかった人は少なくないと思う。

パチンコ機メーカーでは、石原裕次郎のほかにもアニメやテレビドラマや芸能人を起用した「版権パチンコ」が多くなっている。人気も高い。

版権ものが登場したのは、九〇年代後半からである。『北斗の拳』で火がつき、パチスロ機で六〇万台も売れた。パチンコ機では、版権ものの『エヴァンゲリオン』がこれまた大ヒットした。

だが、先にも記したとおり、台の性能としては『石原裕次郎』は大コケした。設置してあまり経たないうちに、パチンコ店から消えてしまった。

パチンコ台の場合は、どんな素晴らしい役者がモチーフになっても、機械の性能が悪いと客はすぐに離れる。

芸能人たちは、銭のためならパチンコ台の仕事でも何でも引き受けるようである。タレントたちは、自分の動画がパチンコごときに使われても、何とも感じないものなのか、これが理解不能である。時には、液晶画面に唾を吐きかける客もいるというのに。

パチンコ問題に目を瞑《つむ》るマスコミの責任

先ほどの女性に励ましのメールを送ったら、次のような文面の返事が届いた。

一読者に過ぎない私のメールに、お返事をいただけるとは思いもよらず、感謝の気持ちで一杯です。

ちゃんと反応してもらえる事は、本当にありがたいですね。

もう、誰かに寄りかかって妥協して不安に過ごすより、自分の中に居場所を見つけられるようになりたいです。今は、気が遠くなるほど孤独感を感じておりますが、通る道だと思います。

お金は大事ですが、心を第一に大切にして行ければ、必要なお金は自然と廻るのではないでしょうか。今は、皆が金に群がっていますが、心を中心に考えられる世の中になることを夢見ています。


筆者が、多くの読者に伝えたいことを、先に書いていただいたような気がしてならない。

この読者のメールに「ちゃんと反応してもらえる」という記述がある。依存症で困っている人に対して、この国は「ちゃんと反応している」だろうか？

マスコミを例に考えてみたい。多くの犠牲者が出ているパチンコ問題に対して、日本のマスコミは「ちゃんと反応」しているか？　はっきり言わせてもらうならば、否《いな》である。

反応するというよりも、避けて歩いている。その原因は、業界が提供するCMにあることは言を俟《ま》たない。

新聞もテレビ業界も、不況でCM収入が減っている現実がある。先ほどの読者の言葉、「お金は大事ですが、心を第一に大切にして行ければ、必要なお金は自然と廻るのではないでしょうか」は、まさしく、筆者がこの本で強調したいことである。

マスコミは、CM収入というお金を重視するあまり、パチンコの被害に目を瞑《つむ》り、心を疎《おろそ》かにしている。日本の新聞やテレビは、良心を失っているといっても過言ではない。

どんなに綺麗ごとを言っても、広告収入という利益を先に考えるあまり、国民目線に立ったパチンコ批判の報道がなされていないことに、この国の病根が潜んでいるのがはっきりと見えてくる。

パチンコの問題では、主婦や年金受給者が依存症になり、被害に遭っている現実がある。正式には違法な、イカサマ賭博であるパチンコが放置され続けている異常さに対しても、声を上げるマスコミはない。

パチンコ批判を続けるのは、筆者のような一匹狼しかいない。別に、一緒にパチンコ業界を批判してくれと言うつもりもない。日本人が、早く目を覚ましてほしいと願うばかりである。日本人が、悪を憎む心も失えばこの世は闇となる。

庶民の声に「ちゃんと反応する」ことの大切さを、日本のマスコミは忘れている。

弱者の苦しみや、悲しみに対して、日本のマスコミは「ちゃんと反応」していない。本来は、マスコミはどこよりも早く、「ちゃんと反応」しなくてはいけない事例の一つがパチンコの問題なのである。

パチンコ業界を告発した記事がボツになる国

この国では、マスコミによるパチンコの被害がまともに取り上げられていないことに、やりきれないもどかしさを感ずる。

これだけ被害が大きなパチンコの問題に対して、正常な国であれば、韓国のようにマスコミがキャンペーンを張り、世論が共鳴し、政治家を動かし、パチンコ禁止に追い込んでいるはずである。

筆者の友人に、某新聞社に勤務する男がいる。彼は、パチンコ問題に対して常に危機意識を持ち、憤慨している。筆者が、パチンコ問題に取り組むことを、応援してくれている。正義感の塊《かたまり》のような男である。

彼が、痛烈にパチンコの問題を批判した原稿を書いたら、ボツになった。彼の書いた原稿だけではない。日本のマスコミでは、パチンコ批判がタブーのようになっている。

パチンコの被害に、記者が強硬な記事を書けばボツになる状況が、筆者にはまともな国とは思えない。今の日本は、正義感とか、真摯な姿勢でとか、真心を重視する、という言葉が死語になりつつある。

これでいいのだろうか？　マスコミが、正義よりも広告収入を重視して、三大紙が、パチンコ台の全面広告を載せる時代が、まともな時代とは思えないのである。

お金よりも、心を重視するべきと書く新聞社が、金銭を先に考えて、パチンコ台の全面広告を載せる時代なのである。公言することと、やることが別なのである。金銭のために、悪に平伏するようなことがあっていいとは思わない。

この国は、何かが狂ってきている。心よりも、お金重視の姿勢が、違法な賭博場であるパチンコを野放しにしているのである。

主婦が、パチンコにハマるきっかけは、パチンコで勝って欲しいものを買いたいとか、遊びに使いたいというケースは少ない。

住宅ローンの足しになればとか、家計の足しになればいいという、ささやかな願いからハマってしまう例が多いのである。

ささやかな願いが、とんでもない結果をもたらすことになるのがパチンコなのである。パチンコ業界は、人を奈落に追い込んで儲《もう》けている、と言われても仕方がない姿が現実としてある。パチンコは「数千人の利益のために、数百万人を泣かせる行為」なのである。

一円パチンコで、問題の解決にはならない

最近は、一円パチンコが増えている。元々は一玉四円だから、貸し玉が一円という

ことは、単純に計算すると四分の一の売上げになるわけで、お客を四倍集めなくてはいけないことになる。

それでも、一円パチンコ店が続々登場していることは、業界が末期的な状況に陥っているからだという説もある。

警察庁は、「低い射幸性を有する遊技機の普及に全力で取り組む」よう行政指導をしているが、実態はパチンコ機に関しては、その方向にはない。

パチンコ業界は「手軽に安く遊べるパチンコ・パチスロキャンペーン」を展開しているが、実態は手軽にどころか、二、三万円はあっという間になくなり、今では一〇万円以上負けることも少なくない。

今のパチンコは、個人の破綻《はたん》を賭けて博打を打っているのが実態なのである。

一円パチンコに関しては、警察庁も業界が射幸心を下げる努力をしている、と評価している一面がある。

筆者の自宅から、歩いて一五分ぐらいの所に、一円パチンコ専門の店がある。パチンコ台が一九七台、スロットが九〇台。パチンコが貸し玉料金一円、スロットが二〇円のホールである。

先日覗いてみたら、土曜日ということもあり、ほとんど満席であった。この店も、主婦が半数を少し超えていて多かった。店員に聞いてみたら、ウイークデーでも月末になるとほとんど満席になると言う。

一円パチンコは、首都圏では埼玉県が多く、なぜか西日本は少ない。一円貸し玉営業に踏み切るパチンコ店は、全台を一円貸し玉にするか、一部を一円貸し玉にするか、迷うことになるが、現状は、一部を一円にする店がほとんどである。

その場合、玉の色を金色にしている店もあるが、基本的には、鍍金《メッキ》で色を変えるのが一番いいようだ。ただ、その場合は、所轄警察が一円と四円が混在することを嫌うので、対応に苦心することになる。というのは「脱税の温床」となる可能性があるからだ。

一円パチンコの専門の店は、筆者の街ではその一軒だけである。併設の店は、聞くところによると、税金対策になるからやっているという話もある。

四円の税金を払うよりは、一円の税金のほうが四分の一で済むことになる。一円パチンコとは、お客のことよりも税金対策の可能性が高いのである。

一円パチンコは、設備にも金がかかる現実がある。ＣＲユニットによる玉貸しを「一円対応」にしなければならないから、一円の専用ユニットを購入することになる。工費も含めるとかなりの設備投資になるので、一円パチンコをやりたくても、できない店も少なくないのが現実なのである。

一円パチンコでも、数時間で二万円ぐらいは簡単に負ける。しかし、鉄火場と化している現在のパチンコはこのままではいけない。

一円パチンコは、北海道で多く普及しているが、いずれにしても、パチンコは完全禁止にするのが何よりなのである。

読者からのメールにもあるように、一円までむしり取ろうとする、さもしい姿勢が業界にないとはいえない。

一円パチンコは、持ち金の少ない主婦がターゲットになっている。依存症になると、パチンコをやらずにいられなくなる。一円パチンコは、依存症の主婦が狙いとも言える。

法律に必ず抜け道が用意されている国・日本

ほぼすべての自治体で、風営法条例によって「客に提供した商品を買い取らせる行為」も禁止されている。だから、店内では換金しない「三店方式」を考え出したのである。

だが店の外にある換金所が、直接パチンコ店と取引を行なうと「客に提供した商品を買い取らせる行為」に抵触してしまう恐れがある。

だから、特殊景品の卸問屋を仲介する形をとることになる。パチンコ店から客、換金所、卸問屋、パチンコ店という三店を経由することで、法律を潜り抜けているのである。

同じ風俗営業でも、ゲームセンターの場合は商品提供そのものが認められていない。ただし、プライズマシンと呼ばれる商品獲得ゲーム機については、警察庁が低額なものについては商品提供とはみなさない、という解釈基準を設けている。

パチンコ換金規制の盲点として「上限一万円」というルールがある。パチンコの場合、上限は二五〇〇個の商品ということで、メダルは五〇〇〇枚までの商品のラインアップしか許されない。

しかし、実際にはそれ以上の数をカウンターで交換可能になっている。実際には、何十万円でも換金ができるのである。これまた、抜け道がある。

パチンコ業界も、警察も、日本は抜け道を作るのが上手なのである。法律を作っても必ず抜け道を用意してある。

女性に依存症が多い理由

主婦の場合は誰にも相談できずに悩んでいるケースが多い。

とくに女性の場合はギャンブル経験がないから、簡単に依存症になってしまう。男性であれば、麻雀を経験したり、花札をやったりしてギャンブルは先輩から教えられる。

筆者の若いころは、男は飲む、打つ、買うができなければ一人前になれない、と先輩から言われて、強引に飲む、打つ、買う、を経験させられたものである。

麻雀で、二晩も徹夜して帰るときの虚《むな》しさ。飲んだ後で、女性と泊まってしまい、朝帰るときの後悔。そんな経験をすることによって、物事の本質が見えてていたような気がする。

上辺ばかり見ていても、人間は教訓になるものは限られるし、成長しない。とくに男は、チョッピリ軌道から外れたことも経験する必要がある。軌道から外れたところに、真実が見えてくることが少なくない。

女性の場合はそうはいかない。飲むことは経験するとしても、あとの二つは経験することはない。

女性が、パチンコ依存症になりやすいのは、未知の世界に、足を踏み込むからなのである。どんなことでも、未知の世界は魅力を感ずるものである。だから簡単にハマってしまう。

男性の場合も、心優しい、真面目な男が依存症になる例が多いのである。飲む、打つ、買う、を一通り経験していれば依存症になる例は少ないという現実がある。

家族までも巻き添えにする、パチンコ悲劇の深刻さ

パチンコが許せないのは、心優しい人や、真面目な人ほど依存症になることである。筆者に、メールをくださる女性でも、男性でも、例外なしに心優しい人といっても過言ではない。

長男が依存症になったという父親が、相談のメールをくださったことがある。文面には「パチンコさえやらなければ、心優しい申し分のない息子ですが、借金までするようになり、どうしたらいいか途方にくれております」とあった。

「パチンコさえやらなければ、心優しい申し分のない息子ですが」という言葉に、多くの依存症の家族の思いが込められているのである。

パチンコさえしなければ、申し分のない息子であったり、申し分のない主婦であったりするのが、パチンコ依存症の辛いところなのである。

パチンコ依存症が許せないのは、本人だけで済まない例が多いことである。必ず家族が巻き添えになる。パチンコ依存症の人は一〇〇万人を超える。

それに家族が巻き添えになっている数を加えると、依存症による被害者は、優に三

○○万人を超える。この現実は、誇張でもなんでもない。実際には、もっと多いだろう。

依存症で、巻き添えになって苦しむ家族は、金銭的なものもさることながら、精神的な苦痛のほうが大きいのである。

それは、仕事のミスにつながったり、厭世的になったり、物事をネガティブに捉えるようになったりする。それが怖い。人間は、常にポジティブな心でいないと幸せになれない。

「パチンコ依存症」による被害は、本人だけで済まないことに、限りない絶望を感ずる。家族の苦痛は、時には本人以上に深刻になる。心優しかった息子が、家族に金を無心するようになり、心まで荒《すさ》んだ姿を見せるようになる。

子ども手当もパチンコに消えていく確率は、かなり高いと考える。六月に振り込まれた子ども手当も、すでにパチンコ台に吸い込まれていることを思うと、やりきれなくなる。

現状では、子ども手当は、「パチンコ手当」になる可能性が高いのである。

三章　なぜ日本は、パチンコを廃止できないのか

反響が大きかった国会請願運動

日本でも、二〇〇九年パチンコ禁止の動きがあった。市民団体「名も無き市民の会」が、前衆議院議員西村眞悟《にしむらしんご》氏と吉田泉《よしだいずみ》議員を紹介議員として、二〇〇九年三月パチンコの換金禁止の国会請願を出したのである。

もし、換金禁止の法案が通れば、パチンコ業界を壊滅に追い込むことができる。換金できなければ、ほとんどのパチンコファンはパチンコをやらないからだ。

ただし国会請願は、すぐに立法化されることはほとんどなく、根気よく続けて賛同者を増やしていくしかない。時間のかかる案件なのである。

国会で法案を作成するには、内閣提出立法、議員立法、国会請願署名を国会の適切な委員会において議題化する、この三つがある。国会請願は「国民側からの直接の要望」ということで、「立法」を促す効果がある。

しかし、ほとんどの場合は「審査未了」で終わることが多い。ただ、国会法の規定にも「議員二〇人以上の要望がある請願は委員会会議に付さなければならない」とはっきり規定されていることから、「紹介議員」というかたちで名乗りを上げた議員は、請願内容に賛同表明していることとほぼ同じことなのである。

委員会を通れば、ほぼ一〇〇%立法化される。「名も無き市民の会」の活動は、国会請願運動を通じて「国会請願の紹介議員」になってくれるよう議員にはたらきかけて、この請願を委員会にかけてもらえるような下地を作ることにある。請願内容に近い「議員立法」を、紹介議員になってくれた議員を中心にはたらきかけていく国会ロビー活動をしているのである。

このような請願活動を通じて国会議員を動かし、新規に立法された法律はたしかに存在する。例としては、児童買春・児童ポルノ禁止法案などである。

「国会請願」がすぐに立法化されることはまずないので、粘り強く運動を進め、国会にパチンコを規制するべきという空気を作り上げていくことが、遠回りのようで、結局は近道なのである。

換金禁止の国会請願は、今まで、誰も手がけようとしなかった。違法な換金に対して、見て見ぬふりを続けてきたことに、一部とはいえ、正面から見直す気運が生まれたことは評価すべきである。

「名も無き市民の会」リーダー的幹事の、藤原興氏《ふじわらおき》に会って話を聞いた。国会請願提出の反響は大きかったそうで、ホームページにも、換金禁止の国会請願をみんなで応援しようとする書込みが、多数寄せられたそうである。

とりわけ、本人はパチンコを打たなくても、まわりでパチンコ依存症によって悲惨な状況に陥っている人を見ることが多いという方々からの賛同者が多かったとのことである。賛同の署名も一三六一名と、一〇〇〇人を超えている。

藤原氏は現在「自由市民連合」という市民政党を立ち上げて、地方議会から、地道にパチンコ禁止の活動を続けていきたいという構想を語ってくれた。

パチンコ業界のアドバイザーに名を連ねる政治家たち

だが、こうした運動がある一方で、それとまったく正反対の、パチンコ業界を擁護する運動が、国会議員によって行なわれている現実がある。

パチンコ業者数十社から構成される「パチンコチェーンストア協会（ＰＣＳＡ）」のアドバイザーに、二〇一〇年十月現在、民主党三四名、自民党一一名、公明党三名、無所属二名が名を連ねている。無所属の内の一名は、鳩山邦夫《はとやまくにお》氏である。「大富豪がなぜ」という疑問が湧いてくる。

このアドバイザーに関しては、私は「日本の国会議員はパチプロか」と書いたことがあるが、アドバイスをするためには、パチプロかそれ以上の知識がなければ務まらないと思うからである。政治分野でのアドバイスをするということなのか、パチンコに政治がどう絡むのか、疑問点が多い。はっきり言えば、業界の用心棒ではないのか？

国を壊しているパチンコ業界のアドバイザーを、国会議員が務めている姿に、違和感を感じない人はいないと思う。

筆者が得た情報では、アドバイザーという名の、国会議員の用心棒代は、一人平均にしてかなりの金額になると言う。たしかに、国会議員が一〇万、二〇万のはした金（国会議員にとっては）で業界の用心棒を引き受けるとは思えない。

政権交代が実現したら、パチンコ議員も与野党逆転した。〇八年の時点では自民党政権だったが、当時のアドバイザーは自民党が二三名、民主党が一五名だった。現在は民主党が三四名、自民党が一一名である。

民主党が与党となったら、自民党が与党のときに名を連ねたアドバイザーの数、二三名よりも、一一名も多くなっている。

テレビに出て綺麗ごとを並べている、民主党のあの人もこの人も、パチンコ議員として業界の用心棒を務めているのである。つくづく、日本の国会議員を信用できなくなる。

民主党による呆《あき》れはてた「パチンコ支援プロジェクト」

民主党が中心のパチンコ業界応援の団体は「民主党娯楽産業健全育成研究会」があり、さらにご丁寧なことに、もう一つ「民主党新時代娯楽産業健全育成プロジェクトチーム」という組織もあった（二〇〇九年の総選挙時に解散）。

そのチームの目的について、「カジノとパチンコの論理学」というブログを運営する場口重氏《ばぐちしげる》は、プロジェクトチームの活動や幹部の発言などの資料をもとに、次のようにまとめている。

一、パチンコ店内での換金を認めることを法律上明記する。
一、パチンコホールを経営する企業の株式上場を実現させる。
一、遊技場の賭博性に関する法律上の規制を緩和し細目を撤廃する。
一、パチンコの釘調整はパチンコ店の自由裁量として、警察の指導対象から除外する。
一、所管を警察庁から経済産業省に転換し、規制中心の政府方針から産業育成に転換させる。
一、パチンコ業法を制定し、風営法から抜き出すことで、業界のイメージを向上させる。
一、ギャンブルではなく遊技であると明確に位置付け、依存症対策等の社会的使命を免除する。
一、警察による調査と、パチンコ業者の営業上必要な各種行政手続きを共に簡素化する。
一、全国展開の障害となる県警間の規制の差異を撤廃し、警察の裁量権を制限する。

一、照明規制、騒音規制、広告規制等について緩和または撤廃し、規制を明確にして警察の裁量を排除する。

一、一部店舗の営業許可取消の罰則が、その法人全ての店舗に波及する規定を削除する。

一、遊技機の検査機関から警察庁の影響力を排除し、賭博性の高い機種の検定通過を容易にする。

一、遊技機の検査機関を複数認め競合させ、検査料金の低価格化と情報公開へ誘導する。

一、パチンコ店新規出店の障害になっている保護対象施設の対象を絞り、出店可能地域を広げる。

一、中小企業庁の通達を撤回させ、政府によるパチンコ店への信用保証を解禁する。

これを読んでどう思うか、読者の判断に委《ゆだ》ねるとしても、なんとも呆れはてて言葉もない、というのが筆者の正直な感想である。

一章で紹介した韓国の国会議員と比べてほしい。別に、韓国の国会議員の肩を持つわけではないが、これが同じ人間たちなのか、と考え込んでしまうのは、筆者だけだろうか。

人間としての誠意が、あまりにも違いすぎるのである。比べてみると、この国に住むのが不安になると思う。人間不信になる。

日本では、国民を違法なバクチであるパチンコ漬けにしようとしている政党が、政権を担《にな》っているのである。

自民党にも「自民党遊技業振興議員連盟」があり、一九名が所属している。自民党は、民主党より賢《かしこ》いのか知らないが、こんなあからさまな活動目標は掲げていない。

こんなくだらないことにだけは、与党も野党も関係なく団結して、違法な鉄火場を、躍起になって手助けする図式がはっきり見えてくる。

業界を代弁して国会で恫喝《どうかつ》する民主党議員

二〇〇七年六月十五日、衆議院内閣委員会で、民主党の山田正彦議員が、業界を擁護する国会質問を行なっている。

動画を見ると、ワイシャツ姿でノーネクタイ。下から睨《にら》むしぐさは、ゴロツキが因縁をつけているとみられても、いたしかたないようなものであった。ドスを利かせた声で、答弁者を睨み、どうひいき目に見ても国会議員には見えなかった。

片や、それに答える国家公安委員長や、内閣法制局長官を見ていると、まるで何かに怯《おび》えたように、オドオドと答弁していた。何か弱みを握られているようにしか見えなかった。

山田議員の質問の、ポイント部分を再現すると、次のようになる。

山田議員「今パチンコ業界は大変な状況であります。東北最大のパチンコ店、ダイエーが倒産した。それによって、一二〇〇人が路頭に迷うことになる。昨年一年間で四九一店舗が倒産している。今年は、一〇〇〇店舗が倒産すると見られる。一体何が原因か、このままで行くと、四万人から五万人がリストラされることになる」

なお、質問にあるダイエーは、スーパーのダイエーとはまったく関係がないパチンコ店である。

国家公安委員長「個別の事情により異なるので、一律にはお答えできないが、店舗は減少していても、売上げについては横ばいの状況なので、金融機関の審査の厳格化もあって資金調達が困難になっている面もある」

この答弁は正しい。店舗は減って、たしかにパチスロのお客が減ったが、パチンコのヘビーユーザーが増えて、全体の売上げ金額は落ちていないのである。

当局は、パチスロの規制を厳しくした分は、パチンコを緩くして、全体のバランスをとっているのである。

山田議員「何のために規制を変えたのか、端的に答えてほしい」

国家公安委員長「射幸心を煽《あお》る機種で、多額の借金を抱え、犯罪に走る例が多く見られるようになり、規制の変更に踏み切った」

この答えも間違っていない。「射幸心を煽る機種」とはパチスロの四号機、別称「爆裂機」のことを指している。このことについては、後に述べることがある。

しかし、山田議員は、それではなぜ、そんな機種を今まで放置してきたのか、と食い下がった。

たしかに、この質問には一理はある。しかし、まず第一に考えなくてはいけないことは、「爆裂機」によって自殺に追い込まれたり、多額の借金を背負うことになった庶民のことではなかろうか。

山田議員は、国民目線ではなく、業者の目線で考え質問しているように見える。た

パチンコ業界の売上げと参加人口の推移

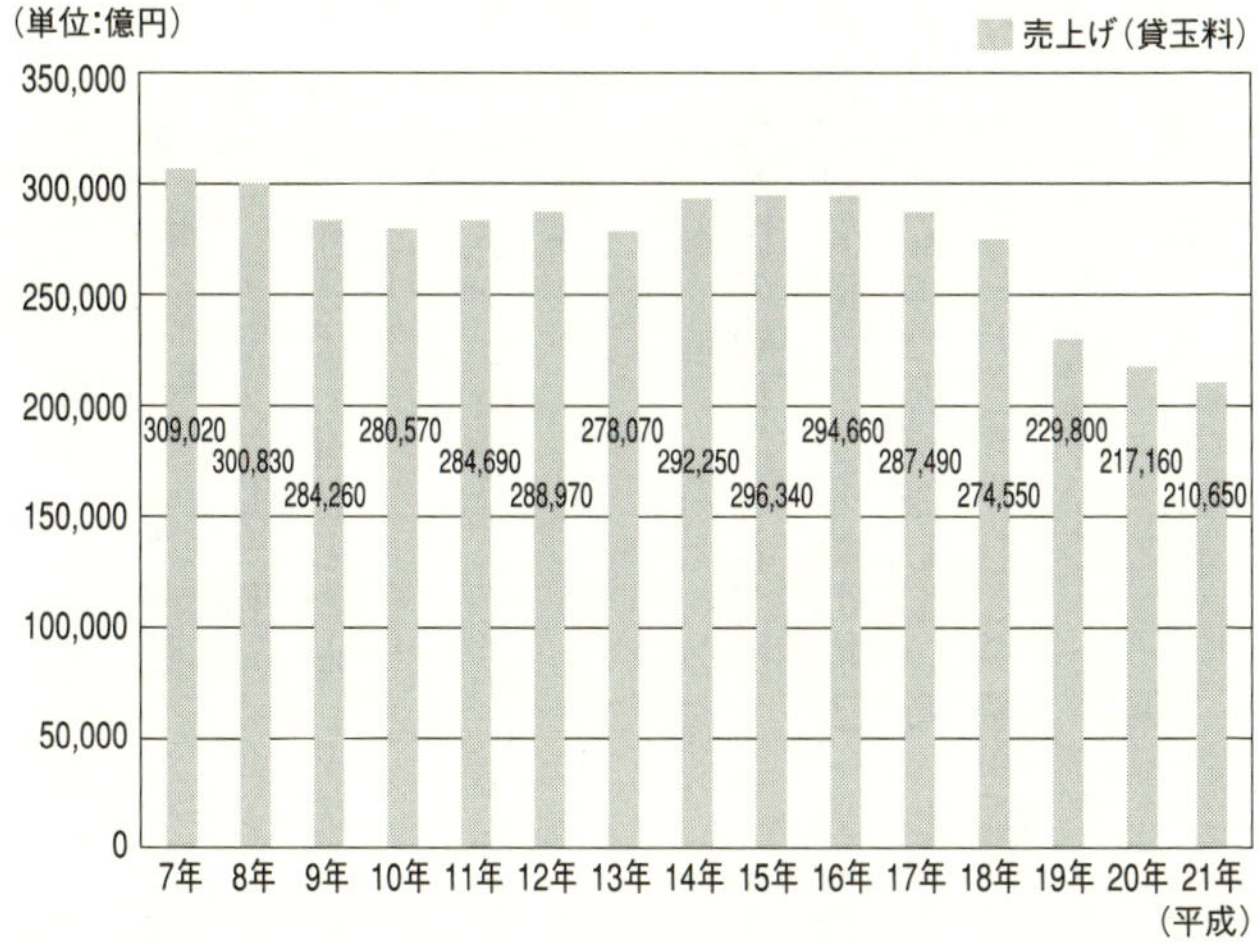

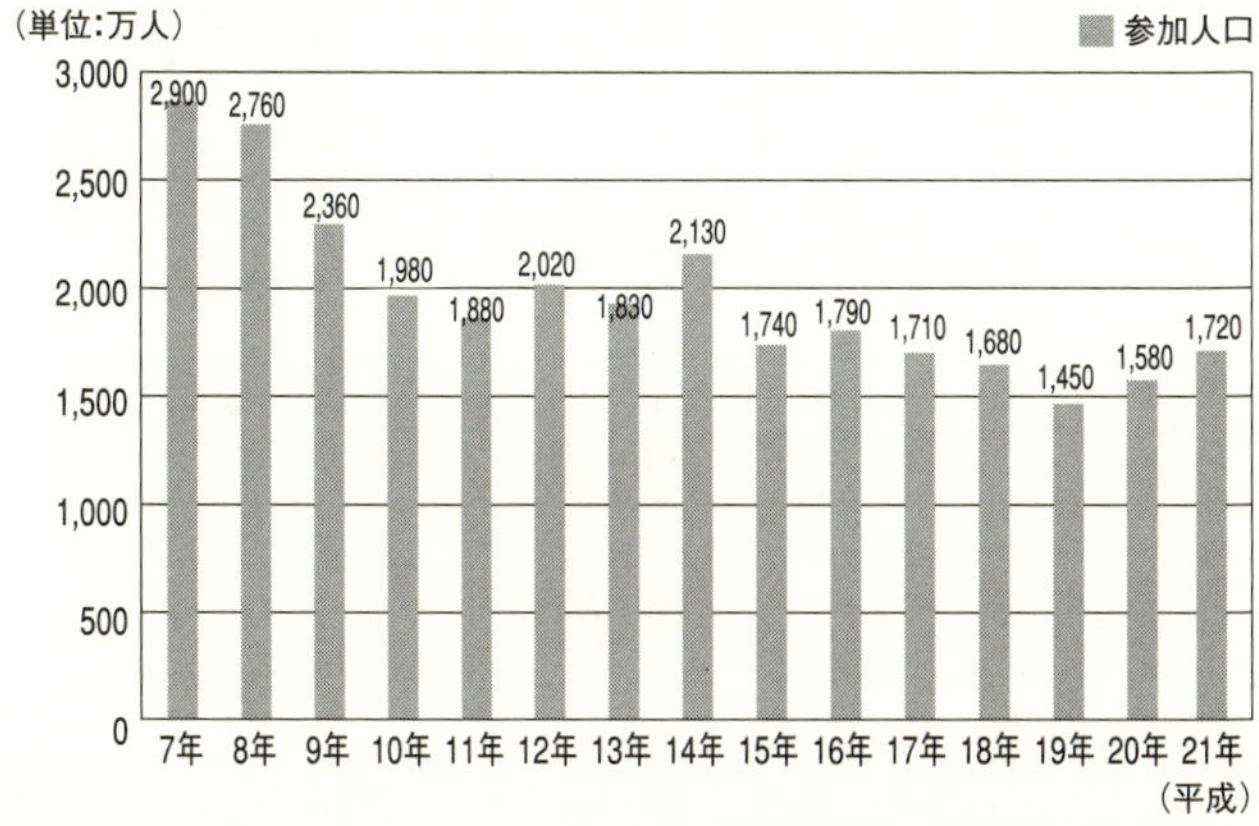

（出典：（財）社会経済生産性本部発行『レジャー白書』）

しかに、もっと早く撤去していれば被害は少なくて済んだであろうが、山田氏の質問は、爆裂機を撤去したことを批難しているとしか聞こえなかった。

山田議員は、パチンコ店の倒産が増えて、このままで推移すると四万人から五万人の失業者が発生すると発言したが、その後、四号機が撤去されても、そうはならなかった。

倒産したパチンコ店は、たしかに少なからず存在する。とくにパチスロ専門店には、閉店に追いこまれた例も少なくない。しかし、それはパチンコ業界に限った話ではない。倒産にいたった経営者の多くは、経営者としての資質に問題があったのであって、それを国の責任にされては、たまったものではない。

山田議員は質問で、四号機の撤去、五号機の導入が原因でパチスロから客が離れ、業界が苦境に陥ったと指摘している。しかし実態は、パチスロの客が減った分、パチンコのヘビーユーザーが増えて、客単価が上がり、遊戯人口は減っているにもかかわらず、大型店の利益は落ちていないのである。つまり、一人あたりパチンコで負ける金額が大きくなったのである。

二〇〇九年の時点で、パチンコ業界の売上げ高は二一兆六五〇億円。月に換算すると一兆七五五四億円である（『レジャー白書二〇一〇』による）。

四号機が規制を受ける前年である二〇〇三年当時は、二九兆六三四〇億円の売上げがあり、パチンコ業界は三〇兆円産業といわれていた。そのころに比べると、たしかに全体の売上げは落ちてきている。しかし、これは「レジャー白書」（公益財団法人日本生産性本部）の数字であって、筆者は、実態はもっと売上げが多いと見ている。

パチンコ業界の損失に、国家賠償を要求

いずれにせよ、この山田議員の国会質問に関しては、誰が見ても、業界から頼まれて質問しているとしか思えない。依存症で苦しんでいる人のことは、ほんの一言チラッと挙げただけで、犠牲者の話はそっちのけ。終始業界の代弁者に見えた。

一方で山田議員の「保通協《ほつうきょう》（保安電子通信技術協会）」に関しての質問は、的を射た質問ではあった。保通協とは、パチンコ、パチスロ、アレンジボールなど遊戯機の型式試験を主業務とする組織だが、そこへの警察官僚の天下りを指摘し、一組織が独

占的に型式認定を行なうことの不自然さを批判している。

しかし、山田議員は、パチスロの四号機を撤去したのは国家賠償に値すると啖呵《たんか》を切っている。「爆裂機」で多くの被害が出て、その機種を認定取消処分にしたら、国家賠償に値すると言うのである。

ちなみに山田議員は弁護士でもあり、名古屋の大手パチンコ店「玉越」の顧問弁護士をも務めている。

国家賠償まで持ち出した質問の荒唐無稽さには、さすがのパチンコ業界内部でも、呆れ気味であった。「週刊文春」二〇〇七年七月十九日号には、業界関係者のコメントが載っている。いわく、「ピント外れ」。いわく、「茶番以外の何ものでもありません」。

こんな酷い質問をした議員が、第一次菅直人《かんなおと》内閣では農水大臣を務めていたのである。そういえば、山田農相の前任者である赤松広隆《あかまつひろたか》議員も、有名なパチンコ議員である。しかも、一〇年九月に発足した新内閣で、山田氏に替わって農水大臣に就任した鹿野道彦《かのみちひこ》氏もまた、パチンコ議員である。

農水省は、競馬などの公営ギャンブルは管轄しているが、パチンコ業界とは関係がないはずである。ところが三代続いて、パチンコ議員が農水大臣になったとなると、やはりパチンコ業界と農水省は何か関係があるのか、と疑いたくもなる。

ついでに言うと、九月発足の新内閣には、鹿野氏のほかにもう一人のパチンコ議員がいる。もう一人とは、内閣府特命担当大臣（経済財政政策、科学技術政策）の海江田《かいえだ》万里《ばんり》氏である。

二人とも、立派な肩書で真面目そうなお顔をされているが、裏では、国民を奈落に落としているパチンコ業界のアドバイザーを務めているのである。

ちなみに、山田氏の質問にある、パチスロ機の四号機、五号機について、少し説明をつけ加えておきたい。

四号機とは、社会問題にまでなった『ミリオンゴッド』などのパチスロ機、通称「爆裂機」のことである。「爆裂機」の射幸性があまりに高く、社会的に大きな問題を惹《ひ》き起こしたために、さすがの警察も動き、〇四年七月一日に認定取消、撤去となった。この旧規制機を四号機と呼んでいる。

しかし、すぐには撤去とはならず、〇七年九月まで経過処置が取られた結果、すでに設置している四号機は、〇七年まで設置を継続することができた。山田議員の国会質問は、経過処置が終わる前の時期のものであった。

それに対して五号機とは、〇四年七月以降に型式試験に申請された、「爆裂機」ではない新しいパチスロ機のことをいう。

山田議員は、庶民をパチンコ依存症に陥れ、若者の自殺者まで出した「爆裂機」の認定取消と撤去を攻撃しているのである。なんとも理解に苦しむ国会質問であった。

多くの庶民の身ぐるみ剝《は》いで、自殺者まで出したパチスロ機を、なぜ禁止にしたのかと詰めよる。質問の録画映像を見ると、今も身の毛のよだつ思いがする。

この質問には、さすがに批判が噴出し、ネット上で、国会質問の録画を紹介する人も少なくなかった。現在でも、ネット上では視聴することができる。

韓国では、国会で決議してパチンコを禁止しているのに、片や日本では、国会議員が業界の代弁質問を国会で繰り広げる有様なのである。

今も相次ぐパチンコがらみの殺人事件

それにしても、日本の国会議員は、パチンコによる被害の実態を知らないのだろうか。テレビも新聞も、見ていないのだろうか？

パチンコ依存症による、母親殺しが二件も発生し、パチンコ店の中で放火殺人まで起きた。強盗殺人事件や、刑事事件は数知れない。二〇一〇年に入ってからも、パチンコ店の駐車場で子どもの死亡事故が起きている。

二〇一〇年七月には、埼玉県八潮《やしお》市のパチンコ店で、また殺人事件が起きたことが報道された。

> 七月三〇日午後一〇時半頃、八潮市大曽根のパチンコ屋で、客の新井政弘さん（三七）が男に刃物で首を切られて殺害された。男は、新井さんと一緒に来店した妻（三八）が景品を現金に交換した直後にバックを奪おうとして、止めに入った新井さんともみ合いになったという。
>
> （「毎日新聞」二〇一〇年七月三十一日付）

男は、閉店間際に高額換金する客を狙って、景品交換所近くで客を物色していたと見られている。パチンコが原因の殺人事件で殺された人は、今回で何人になるのだろう？　パチンコ依存症による人殺しが、絶えることがなく続いていても、政治家も官僚も見て見ぬふりである。

少し古いニュースだが、秋田の副知事がパチンコで失態を演じたことがあった。共同通信が〇三年五月三十日に伝えたニュースである。

三陸南地震発生から約四五分間、公用車を待たせたままパチンコをしていた秋田県の千葉隆副知事は三〇日、寺田典城《てらたすけしろ》秋田県知事に辞表を提出、受理された。千葉副知事は「県政の信頼失墜を招いた。心身ともに疲労の極みに達し、業務遂行の自信がなくなった」としている。問題発覚後、県には県民から抗議の電話が一〇〇本以上寄せられ、市民団体が副知事の公用車使用に関して住民監査請求する事態に発展。二八日には千葉副知事が辞意を伝えたが、知事は慰留。任命権者でもあり問題発生当初から「(副知事の）処分は行わない」としてきた寺田知事の責任を問う声も上がりそうだ。三〇日午後、会見した寺田知事は「今回の問題で、もっと良い仕事ができると期待していた」と話す一方「県民の怒りも感じただろうし、疲れただろう」と話した。

公用車を待たせてまでパチンコをするということは、完全なパチンコ依存症だったのだろう。副知事もパチンコ依存症になるのである。この問題の根は深い。

パチンコ被害者に光明を与える訴訟事件

パチンコに関する型破りのニュースが、「週刊文春」二〇一〇年四月一日号で紹介されている。

実は筆者も、以前、パチンコ依存症による自殺で父親を亡くした人や、自宅を失った人は、国を相手に訴訟を起こしてもいいのではないかと書いたことがあるが、この記事には、パチンコの被害者として国に賠償を求めた人が紹介されている。

昨年一二月二五日、三〇代パチンコファンのA氏が、名古屋地裁管内のある支部において、パチンコ業界に一石を投じる前代未聞の国家賠償訴訟を起こした。

訴状には「著しく射幸心をそそる確率変動というパチンコの問題性に対して強い憤りを持ち、自分のような被害者がこれ以上増えないようにという思いをもって本訴訟に及んだ」とある。

A氏の訴えを要約すると、確率変動という機能を搭載した現在のパチンコCR機は違法な賭博機であり、確率変動を認める違法な規則を定めた国、実質的には国家公安委員会及び警察庁は、〝賭博幇助《ほうじょ》〟にあたるとして損害賠償を求めている。

今回の訴訟で原告側が強調しているのは、商品の価格の最高限度額が施行規則では「一万円を超えないものとする」と規定してあることに対し、一回の大当たりで獲得できる遊技球の上限は二四〇〇個、パチンコ玉一個が四円と換算して九六〇〇円が上限となるところ、確率変動の場合は大当たりが一回ではなく無限回の可能性があり、最終的には最高限度額の一万円を超えるため、これが賭博罪にあたると解釈。

さらに、〇四年の規則改正で初めて警察庁が〝確率変動〟を公に規定したことで、射幸性の高いパチンコ機で公然と賭博行為が行われるようになったとして、規則制定者である国を〝賭博幇助〟で糾弾し、この規則改正が上位規則である風営法の「著しく射幸心をそそる」という条文に違反していると指摘した。

担当課である警視庁生活安全局保安課のコメントも掲載されており、〝確率変動〟を認めた経緯について、

「従前は国家公安委員会規則に定める遊技機の技術上の規格に規定がなかったところ、平成一六年の規則改定により、大当たりの集中による遊技球の大量監督を規制する観点から、当該確率が任意に変動することを禁じ、変動する場合の確率値は一定であること等の規定が設けられたところであります」と語っている。ただし、CR機が賭博機であるという指摘については回答を避けた。

CR機とは、プリペイドカードに対応したパチンコ遊戯機のことで、もともとは脱税対策に有効として、「当局の指導」で導入が促されたという経緯がある。

記事内では、機種名に「CR」と冠したパチンコが巷《ちまた》に溢れている昨今、これが違法な賭博機と認められれば、全国的な集団訴訟の動きに広がり、消費者金融のグレーゾーン金利を巡る「過払い返還訴訟」と似た騒ぎに発展するのではないか、と指摘されている。

それにしても今回、訴訟を起こした人の行動は、勇気あるもので、訴状で述べていることも的を射ている。今後の展開に注目したい。

続々と集団訴訟が起きれば、世論も動き、パチンコ禁止に一歩前進できるかもしれない。

実際に、法律的には換金が違法なパチンコを、姑息な手段で換金しているのを、国家が長年にわたって見て見ぬふりを続けてきたのだから、パチンコの被害者である家族から訴訟を起こされても当然である。

韓国では、カジノ被害者の原告勝訴

韓国では、韓国人向けカジノ「江原ランド」による被害を受けた男性が、国を相手に訴訟を起こして勝訴している。

ソウル東部地裁民事一四部（イ・ウジュ裁判長）は三日、キムさん（五六）が江原ランドを相手取り、損害賠償を求めていた訴訟で、江原ランドに対し二〇〇四年から〇七年四月までの、カジノにおける損失約七七億ウォン（約七億七〇〇〇万円）のうち二〇％に当たる一五億五一八〇万ウォン（約一億五二〇〇万円）をキムさんに支払うよう命じる判決を下した。

同地裁によると、貴金属の取引で数百億ウォンの財産をなしたキムさんは、〇三年四月から〇四年五月まで、一般VIP会員よりもワンランク上の「V―VIP」会員として江原ランドのカジノに出入りし、約一〇八億ウォン（約一〇億八〇〇〇万円）分の負けを喫した。

ショックを受けたキムさん夫妻は、その後四回にわたり、江原ランドに立ち入り制限を申請した。

ところが、キムさんは誘惑に負け、立ち入り制限の解除を申請し、〇七年四月までカジノに出入りしたものの、さらに七七億ウォン（約七億七〇〇〇万円）の負けを喫した。

その後キムさんは、カジノで失った金を弁償するよう求め提訴した。

これに対し、江原ランドは「立ち入り制限解除する際、十分に話しあわなかったことは事実だが、キムさん夫妻が〝異議を申し立てない〟という覚書まで提出して懇願してきたため、やむを得ず制限を解除した」と抗議している。

一章でも紹介したが、韓国の自国民向けカジノは、完全な失敗であった。盧武鉉前大統領の失政の一つとされている。

司法が英断を下した韓国とは対照的に、日本では、パチンコ依存症による、事件、事故が絶えることなく発生しているのに、法律的には違法賭博であるパチンコ業界を、国会議員が手助けする熱心な姿が、あからさまに見えてくるのである。

この現実をどう見るか……。日本人の良識が問われている。もちろん、国会議員の一部ではある。しかし、超党派で業界を擁護している議員は、元総理から現役の大臣まで含まれているという事実は、どう説明がつくのだろうか。

さらにいうと、他の議員たちはパチンコ議員たちの行動を、なぜ見て見ぬふりをしているのか、なぜ諫《いさ》めないのか？　日本の国会議員たちは、与野党、皆グルだと言われても仕方がない。

韓国にあって日本にはない、判断のスピード

日本人は、韓国人に対して、在日とかチョンとか侮蔑的な表現を平気で使うが、韓国がパチンコを禁止した良識をどう見るのか。最近は、さまざまな分野で韓国に後れをとっている。オリンピックでも、人口が半分以下の韓国にメダルの数で負けている。

経済面では、「サムスン」一社に対して、パナソニックなど、日本の電機メーカーが束になっても敵《かな》わない状態に追い込まれている。

たしかに、ウォン安のメリットはあるものの、すべての事業でウォン安のメリットを享受できるわけではない。

サムスンの特徴は広告費の高さにある。儲かっているから気前よく広告費を使う。世界の主要な空港では必ずと言っていいほど、サムスンの巨大な広告が目を引くことになる。

サムスンの広告宣伝費は、売上高の三%といわれている。売上げが一〇兆円あるので、三〇〇〇億円が広告宣伝費に使われていることになる。これでは、日本のメーカーが敵うわけがない。

リーマンショック以降の世界同時不況から一足早く抜け出した韓国。韓国銀行（中央銀行）は二〇一〇年七月十二日、二〇一〇年の経済成長をこれまでの五・二%から五・九%へと上方修正した。低成長が続く日本とは対照的だ。

ソウル市内を歩くと、活気が感じられる。パチンコを禁止したことが、経済によい影響を与えているのも事実だと思う。ソウルでは、大規模開発が数多く進行中である。

日本でも知名度が高いテーマパーク「ロッテワールド」に隣接して、二〇一五年に完成予定の「第二ロッテワールド」では、地上一二三階建て、五五五メートルとなる世界第三位の高層ビルを中心に、世界最大級のショッピングモールやシネマコンプレックスなどが建設される。

総工費は二兆五〇〇〇億ウォン（約二五〇〇億円）。オフィスや高級ホテルも備え、「ソウル、大韓民国の〝顔〟になる」と、ロッテ物産（本社ソウル）のキム・ミョンス専務は意気込む。

また、ソウルに近い京畿道華城市《キヨンギドファソン》では、二〇一二年の完成を目指し、テーマパーク「ユニバーサルスタジオ」の建設が進んでいる。同スタジオでは世界最大級の規模だ。

韓国企業の特徴はスピードである。「サムスン」にしても、会議は少ないと言う。日本企業は、やたら会議をやりたがる企業が多い。日本企業は、立ち止まって考える時間が長すぎるのである。

一九九七年の金融危機から、韓国の企業は変わった。もはや韓国にとって、学ぶべき手本としての、日本の存在感は薄れているのである。日本は、このままで推移すると、経済でも韓国に後れを取ることになる。

韓国は、二〇一〇年も五%台の成長が見込まれていることは述べたが、一〇年に入ってからの回復ぶりは、とくに目覚ましい。第1四半期のGDP成長は実に八・一%に達した。経済の大きな落ち込みと、その後の急速な挽回。韓国の景気は鮮やかなV字回復を遂げた。

出口の見えなくなっている日本経済の現状と比べると、愕然とする。最近では、原発の建設受注でも、日本が韓国に負けるという事態があった。

車内マナーでも韓国に負けている日本

長年にわたって日本人は、韓国の人たちを見下す態度を取り続けてきた。しかし、このままでは逆に韓国に見下される事態になりかねない。なりかねないのではなく、すでにそうなってきている。政治でも、経済でも、社会常識でも。韓国がパチンコを禁止したパチンコ問題は、そのことを如実に物語っている。

今回の訪韓では、初めてソウルの地下鉄に乗ってみた。日本と同じようにシルバーシートがある。夕方の時間帯であったが、見ていると、若者たちは誰一人としてシルバーシートには座らないで立っていた。

日本でよく見かける、電車の車内で化粧をする女性は、一人も見ることはなかった。

通訳に聞くと、韓国は今でも、儒教の教えが息づいているので、年寄りや目上の人を敬う心を持っている、とのことであった。

電車のシートは、スチールがむき出しなのに驚いた。電車内で放火事件があり、多数の犠牲者が出てから、電車のシートには布を一切使っていない。冬は冷たいでしょうと通訳に聞いたら、逆にヒーターが伝わりやすいので温かいそうである。

線路とホームは、強化プラスチックで完全に遮断されている。高さが二メートル以上あり、乗り越えることはできない。自殺防止と、酔った人による転落事故防止のためである。

日本でも、ホームにドアを設置する話があるものの、遅々として進まない。経費がかかるからということらしい。日本では人命よりも、金《かね》勘定を先に考えるのである。

筆者が、実際に見て実感したことだが、極端に言うならば、日本は電車のマナーでも韓国に後れを取るようになっている。この現実に目をそむけてはいけないと思う。このままで、よいわけがない。

韓国で、若者たちがシルバーシートに絶対に座らないのを見て、少なからず衝撃を受けた。

正面切ってパチンコ賭博を合法化しようとする政治家

韓国が、パチンコを禁止したことに関して、日本のネット上では、圧倒的に好意的な書き込みで溢れていた。筆者のリポートにも、たくさんの賛同意見をいただいている。政治家たちと違い、日本の庶民はまだ正常な感覚を持ち合わせているのである。

パチンコの被害に目を瞑《つむ》り、政治家が献金に目が眩《くら》んで、違法な業界に魂を売っている姿を見てなんとも感じなくなれば、この国の未来はないと思うべきである。政治の世界も、「悪貨が良貨を駆逐する」が現実となっている。

換金が違法なパチンコ業界にとって、国会議員が用心棒を務めてくれればこんな心強いことはない。パチンコ業界が高笑いできているのは、国会議員がアドバイザーという名で、与野党関係なく、業界の応援団を結成している現実があるからなのである。

二〇一〇年四月十四日付、産経新聞に「パチンコ換金合法化検討」というタイトルの記事があるので紹介させてもらおう。

　カジノ合法化法案の成立を目指し一四日に発足する超党派の「国際観光産業振興議員連盟」（カジノ議連）は一三日、警察の裁量で換金が事実上認められているパチンコについてもカジノ法案と同じ仕組みで立法化していく方針を固めた。カジノを合法化すれば「パチンコは問題ではないのか」との議論が起こりそうなため、パチンコによる換金も行政の監視下で合法化させるのが目的だ。
　カジノ法案では、カジノについて、国や地方公共団体が運営を厳格に管理、監督することを定めることで、刑法が禁ずる賭博の「例外」扱いにする。
　民主党の案では、地方公共団体の申請を受けた国が、カジノエンターテイメント

（特定複合観光施設）区域を指定。地方公共団体は、運営する民間事業者を公募・選定し、警察と協力して違法行為の摘発、監視も行う。

一方パチンコは現在、「風俗営業等の規制及び業務の適正化等に関する法律（風営法）」で遊技場と位置付けられ、獲得賞球は、日用品などに交換することになっている。しかし、金地金などの特殊景品に交換し、外部の景品交換所で現金化されることが多い。現金化は「事実上の賭博」にあたるものの、警察の裁量で「黙認」しているのが実態だ。

パチンコ業界は、客離れの加速とともに、ギャンブル性の高い遊技機の導入が増え、「庶民の娯楽からかけ離れつつある」との指摘もある。これを踏まえ、議連はパチンコも国や地方公共団体が管理、監督し、「健全な庶民の娯楽の場」として再生を図りたい考えだ。


この新聞記事の語るところは、カジノ合法化のドサクサ紛《まぎ》れに、国会議員たちが、パチンコの換金を合法化しようということなのである。

だが、実のところは、カジノの合法化のためにパチンコの換金を合法化するというよりも、パチンコの換金を合法化したいがために、カジノ法案を出そうとしているのではないか、本来の狙いはそちらにあるのではないかと勘ぐりたくなる。

たしかに、先進主要国でカジノが合法化されていないのは日本だけだが、こんなことで肩を並べる必要はさらさらない。ましてや他国には、日本のようなパチンコというイカサマ博打はない。

日本に、カジノがないというのは、パチンコ賭博を合法化する理由にはならない。カジノがなくても、この国はすでに「賭博共和国」なのである。

パチンコ、競馬、競輪、オートにボート、さらに、宝くじにサッカーくじ。これにカジノが加わったらどうなるのか、かつて、中国のナンバー2が、日本を指して「あの国は二〇年もすれば消えてなくなる」と発言したことがあったが、現実のものとなりかねない。

パチンコ議員たちの考えでは、パチンコを地方公共団体が管理、監督するとあるが、パチンコ業界は、ど素人が管理できるような生易《なまやさ》しい組織ではない。

ど素人が管理、監督するようになって、換金が合法化されたら、パチンコ業界のやりたい放題になるのは目に見えている。

今現在、パチンコは警察の管理下にあるから、業界もまだ好き放題はできないのである。それでも、警察官僚が天下りしているから、業界はかなり好き放題やっている。

民主党は、綺麗ごとを言っていながら、パチンコの合法化を画策しているのである。こんなことでは、民主党に政権をとらせたのは間違いだったと断ぜざるをえない。

パチンコ問題に集約される日本の病根

日本が、パチンコを禁止できない一番の理由は、くり返し述べてきたとおり、政治家たちが献金に目が眩み、業界を擁護しているからなのである。

二番目の理由は、これも何度も述べてきたとおり、マスメディアが、メディアとしての責任を果たしていないことである。

パチンコ依存症による、事件事故を報道しているメディアは、パチンコの弊害を一番理解していなければならないはずである。メディアの人間は、パチンコによる被害の惨状を、自らの目で確認しているはずである。

そのマスコミから、パチンコ批判の声がほとんど上がらない現実がある。日本のマスコミは、メディアとしての使命を放棄している、と言われても仕方がない。

パチンコの問題に関して言うならば、政治家が政治家としての役目を果たしていない。官僚は、官僚としての役割を果たしていない。マスコミは、マスコミとして報道する責任を果たしていない。

警察官僚は、業界に天下りして甘い蜜を吸っている。とても、国民のために働いている姿は見えない。

日本の病根が、パチンコの問題を通じてはっきりと現われている。日本のデタラメな現実が、パチンコを通じて鮮やかに見えてくる。

なぜ大新聞が、パチンコの全面広告を掲載するのか

一昨年訪韓して、ＳＢＳテレビのプロデューサーにインタビューしたとき、「パチンコの被害が出れば、その原因を追究して糾弾するのがマスコミの役目ではないですか」と言われて、絶句したことがある。

まったくそのとおりなので、返す言葉もなかった。最近、日本のマスコミは「強いものに弱く、弱いものに強い」傾向が顕著である。日本のマスコミに、「強きをくじき、弱きを助ける」を期待するのはとても無理のようである。

業界を批判すべき大新聞、大手出版社、テレビ局が、批判どころか問題提起さえできないでいる理由が広告費にある。

テレビや新聞は、ＣＭ提供者には弱い。からきし弱い。だからパチンコ業界は、売上げには大して効果が見込まれないパチンコ台の新聞広告や、テレビＣＭに大金をかけるのである。

三大紙といわれる新聞社の場合、一ページをまるまる使う全面広告は最高で四〇〇〇万円とも言われている。夕刊タブロイド紙で三〇〇万円ぐらいである。

新聞社で、パチンコ広告の先鞭をつけたのは読売新聞で、二〇〇六年三月に初めてパチンコの全面広告を掲載した。続いて、朝日新聞も〇六年八月二十二日付の朝刊に、パチンコ台の、全面広告を掲載している。金に目が眩んだからと言われている。

パチンコメーカー「ＫＹＯＲＡＫＵ」の新台『ぱちんこ華王美空ひばり』の全面広告であった。それまで一般朝刊紙では、自主規制があって、風俗やギャンブル、アダルト関係の広告は自主規制していた。それが、これを機にとっぱらわれたのである。

二〇〇九年一月のデーターでは、年間の広告宣伝費の一位がトヨタで四八四五億円。二位のソニーが四六八七億円。三位のホンダが三七五七億円である。

一方、パチンコ機械の業界大手「ＳＡＮＫＹＯ」の二〇一〇年三月期の広告宣伝費が六七億九〇〇〇万円。「ＳＥＧＡ—ＳＡＭＭＹ」が、ほかの部門もすべて含めて二〇七億円。『黄門ちゃま』、『ルパン三世』のパチンコ台でおなじみの「平和」の広告費が、昨年、三五億九〇〇〇万円という数字である。

「平和」の場合、資本金が一六七億五五〇〇万円で東証一部上場。二〇一一年三月期の売上げ予想が、七六七億円である。

トヨタ、ソニーに、金額では遠く及ばないにしても、いかにパチンコ業界がパチンコ台のＣＭに大金を使っているかが分かる。

ちなみに、パチンコ店のほうは、業界最大手の「マルハン」の、二〇一〇年三月期の売上げが二兆一二〇九億円。経常利益が五五四億円。東京・西日暮里に本社がある「ダイナム」の二〇一〇年三月期の売上げが、八五七一億円。経常利益が三二一億円である。

業績が好調と伝えられている、「ユニクロ」の売上げが二〇〇九年八月期で五三八一億円である。

パチンコ店は上場できないが、パチンコ機械の製造販売会社は、業績がよければ上場できる。パチンコ店が上場できないのは、換金が法律に違反しているからである。

金に目が眩《くら》み、口を封じられたマスコミ業界

広告となれば「電通」となる。広告収入に依存するマスコミにとっては、神様以上の存在と言われているのが「電通」だが、その二〇一〇年三月期の売上げは、単体で

一兆三一五〇億円。純利益が単体で、二七〇五億円。世界最大の広告代理店で、マスコミを支配していると言っても過言ではない。

最初、「電通」からパチンコ広告の話を持ち込まれたときには、さすがにテレビや新聞も、躊躇したといわれている。しかし、金銭がすべての国である日本では、恥も外聞もなく、各紙、各局とも、パチンコの広告をなし崩しに手がけるようになっていった。

サラ金の広告の場合も、テレビは一九八六年四月にテレビ東京が口火を切り、その後は、各社が次々とサラ金広告を解禁していった。

マスコミから、クライアントであるパチンコ業界批判の声が聞こえてこない大きな理由の一つがここにある。

逆にいうと、マスコミの口封じ、批判を封じるために、パチンコ業界は広告費に大金を使っているのである。

古きよき時代には、日本のマスコミも、それはそれ、これはこれとして報道する良識と勇気を備えていたが、今では、ＣＭを多く提供する会社や組織には、からっきし弱くなった。不況でCMが減ってきているという理由ばかりではない。良心の問題であろう。

地方のテレビでは、パチンコ店の新装開店のCMが、ひっきりなしに流れる。首都圏では、パチンコ台のCMが多いが、地方は、パチンコ店のCMが、これでもか、これでもか、とテレビに流れる。

筆者の出身地は秋田だが、朝の七時ころから、パチンコ店のテレビCMがどんどん流れるのを見て唖然とした。パチンコの弊害は、むしろ地方に広がっている。

テレビのCMに関しては、パチンコ機メーカーの団体である「日本遊技機工業組合」では、二〇〇九年四月から、午前五時〜午前九時と午後五時〜午後九時の間、遊技機関連のテレビCMを自粛することを決めている。

この自粛は、パチンコ台のCMが近年増加していることに対し「子どもが見ている時間帯にふさわしくない」といった批判が高まっていることを受けたものであった。

たしかに、ひところよりはパチンコ台のCMは減っているが、こうして原稿を書いている今日も、昼日中《ひるひなか》にパチンコのCMが堂々と放映されている。

日中は自主規制の時間外ではあるが、それにしても、違和感をぬぐえないのは筆者だけだろうか。

自主規制などというものも、信用できるものではない。ほとぼりが冷めれば元に戻すのではないか。締りのない欺瞞の横行は、日本のお家芸である。

事実、ごく最近も、ボクシングの世界タイトル戦の放送で、午後の九時前でもパチンコのCMが流れているのを、筆者は目撃している。

大阪市議から届いた一通のメール

二〇一〇年五月に、注目すべきメールが届いた。パチンコによる汚染が、全国に及んでいることが理解できる。送信者の了解を得て、ここに紹介したい。

初めてお目にかかります。私は大阪市会議員の稲森豊《いなもりゆたか》と申します。実は昨年暮れ、私の住む大阪市平野区において巨大パチンコ店（台数八五〇台）の進出計画が判明し、付近の住民から議会に対して反対の陳情がなされました。

ご承知のように風営法、建設基準法において準工業地域にパチンコ店の営業は合法であります。しかし、この付近はほとんど一〇〇%住宅地域に変貌しており、環境の悪化を心配して住民が市長に善処を求めたのです。

大阪市の回答は、合法であり、娯楽施設は健全な街づくりと矛盾しない、共存できるという回答でした。現在のパチンコ店の有害性を全く理解しない、あるいはあえて無視なのか。今回改めて住民から「パチンコ店建設に反対する陳情書」が提出され、この五月二十四日に審議されます。

帚木蓬生《ははきぎほうせい》氏の著作や遊技協会のパチンコ依存症に対する懸念などを引用し議論を行いましたが、未完、継続審議となっており、改めての議論です。その間、私なりに情報を集める中で、貴殿の著書に出会い熟読させていただきました。

その中で、韓国では二〇〇六年にパチンコが全面的に法律で禁止され、パチンコ店が閉鎖されたと記述されております。

「パチンコ依存症などの被害については、大阪市も一億円の予算をかけて「心の相談センター」を開設し、一定の対応を行っているにもかかわらず、パチンコ店の進出は野放しです。それだけでなく、マルハンの広告をペイントした地下鉄すら走行させています。

今回、ゲーム産業振興に関する法律、同施行令の存在を紹介し、大阪のパチンコ店経営者の過半を占めている、韓国、朝鮮系資本の本家本元の韓国でパチンコが禁止されていること、なおかつ報道がこれら大ニュースをまったく取り上げていないことなどもあわせて、大阪市の甘い姿勢を批判したいと考えております。

出来れば、業界関連でどの程度の法人市民税が、大阪市に納められているかなども資料請求する予定です。

東京に次ぐ大都市、大阪市議会でパチンコ問題を本格議論を行うことで一石を投じたいと考えております。外務省などに問い合わせし、出来れば法律の詳細を知りたいのですが、時間との関係で間に合わず、法律の存在だけでも明らかにしたいと思った次第です。（後略）

大阪市会議員　稲森豊

地方の議員の方の中に、パチンコに問題意識をお持ちの方がおられることに心強く思い、ほっとさせられた。

反面、国会には何でこのような政治家が存在しないのか、これが不思議でならない。国会議員になる前は、正常な感覚を持っていても、国会議員になると舞い上がって、まわりに感化され良識を失ってしまうのだろうか？

大阪市の平松邦夫《ひらまつくにお》市長は、パチンコファンを公言している。そのことが、今回の問題に影響しているとは思いたくないが、それにしても、市長という公職にありながら、パチンコの弊害を理解していないとは驚く。

大阪市の回答も、良識とはあまりにもかけ離れたものである。「合法であり、娯楽施設は健全な街づくりと矛盾しない、共存できる」、この回答では、パチンコが娯楽施設として健全であると言っているようなものである。

稲森氏が述べるとおり、パチンコの有害性をまったく理解していないか、無視回答であり、パチンコの弊害を理解していないならば、役人を辞めてもらうしかない。

役人は、業者のために存在するものではない。国民や、市民のために仕事をしてもらわなくてはならないのである。

韓国のパチンコ禁止に関して、「大ニュースを日本の報道がまったく取り上げていない」というのも、まったくご指摘のとおりである。

筆者のような、無名のライターがスクープしたからではなく、いろいろとしがらみがあって報道されなかったのでは、と思うしかない。

「東京に次ぐ大都市、大阪市議会でパチンコ問題を本格議論を行うことで一石を投じたい」——この真心こそが、市民に支持されなくてはいけないと思う。

国政の国会議員たちはほとんど頼りにならない。こうなれば、地方から声を上げてもらうことを期待したい。

地方から産声《うぶごえ》をあげるパチンコ反対運動

二〇一〇年七月二十九日、東京・荒川区議の小坂英二《こさかえいじ》氏が、「パチンコ違法化・大幅課税の地方議員と国民の会」を立ち上げ、パチンコ反対に立ち上がった。

主な趣旨は、パチンコを禁止するべきとし、禁止が進まない場合は、大幅増税を課すべきというものである。

小坂氏の許《もと》には、早速、全国の地方議員から賛同者が集まり、一〇年十月現在、埼玉県、神奈川県、千葉県、三重県や山口県、大阪府、沖縄県、静岡県の県議、市議ら二三名が賛同者になっている。地方議員には、パチンコの問題に関して真剣に考えておられる方が少なくないことが分かった。

小坂氏は、一〇年以上も前から、パチンコの問題に関心を持っていて、パチンコ依存症による悲惨な事件が報道されるたびに、心を痛めていたという。

氏のホームページでは、「日本国民が正気を取り戻すべき」と訴えている。その志には全面的に賛成である。支持政党を持たない筆者は、政党は関係なく小坂氏個人を応援したい。

大阪市議の稲森豊氏や、荒川区議の小坂英二氏のような、地方議員の方々から声を上げてもらい、この国も正気を取り戻さなくてはいけない。

地方議員の方のほうが、この国の有様に危機感を持っておられる方が多い。身近に、パチンコの被害に接していることもあってか、国会議員と違って、パチンコの弊害を真剣に受け止めておられるのである。

地方から声を上げて、この国を変えてもらいたい。そして国民も、真心を持ってパチンコの問題に取り組む政治家を応援するべきである。

地方自治体で、パチンコを禁止する県や、市町村が現われてくれないものかと、つくづく思う。

公営ギャンブルを禁止した美濃部《みのべ》元都知事の功績

一九六七年から七九年まで、東京都の知事を務めた美濃部《みのべ》亮吉《りょうきち》氏が、東京から競輪、競馬などのギャンブルを追放した。あのときに、ついでにパチンコも追い出しておけばよかったが、当時のパチンコは、景品と交換するだけで完全な遊びであった。

何といっても、東京は日本の中心である。東京都がパチンコ禁止を打ち出したら、国民に与えるインパクトは計り知れない。

それればかりか、国際的に評価される。外国人から見れば、日本では駅前にカジノがあり、主婦まで出入りしているように見えているし、実際そう言われている。特異な国と見られている。最初に、東京からパチンコ禁止を打ち出してほしい。

筆者は、美濃部氏の政策全体の評価はともかく、東京からギャンブルを追い出したことは、評価するべきと思う。江戸川競艇や大井競馬、京王閣競輪については、都とは別に、市町村や特別区が主催権を持っていたので、閉鎖、廃止とはならなかった。

あのまま、東京で競輪・競馬・オートレースが行なわれていたら、おそらく、東京の国際的評価も、今より低くなっていたことであろう。

あのころ、業界をバックにギャンブル禁止に反対した議員も少なくなかった。反対の理由が、税収が減って都の財政が破綻するというものであった。

しかし、ギャンブルを禁止しても、それが原因で財政が破綻もしなければ、逆に、月日が経つにつれて税収も伸びた。競輪、競馬、オートなど、バクチの金が消費に回るようになったからである。美濃部都政の財政が破綻したのはその後のことであって、ギャンブル禁止と直接の関係はない。東京都がパチンコ禁止を打ち出したら、金が健全な消費に回り、むしろ税収が伸びることが考えられる。

もし、地方自治体でパチンコを禁止する町や市が出現したら、限りなくこの国は変わると思う。

稲森氏や小坂氏のような、良心と真心をお持ちの政治家が、地方からもっと現われて、頼りにならない国会議員たちの尻を引っぱたいてほしいと願っている。

地方が弱り苦しんでいるこの時期に、庶民がパチンコ依存症に追い込まれ、パチンコで身ぐるみ剝がされている姿を見ながら放置している国は、どう考えても、まともな国には見えない。

それにしても、稲森氏がメールでご指摘のように、市営の地下鉄の前面に、パチンコ店の看板を掲げるのはいかがなものか？　パチンコファンを公言している市長の意思なのか、常識的にも諸外国では考えられないことである。それも、市営の地下鉄なのである。

つくづく、恥多い国になったものだと思うしかない。

パチンコ店の出店を認めた最高裁の判断

「毎日新聞」二〇一〇年七月二十三日付の紙面にも、次のような事例が報道されているので紹介したい。

北海道稚内《わっかない》市でパチンコ店の出店を計画していた札幌市内の業者が、妨害目的で公園を新設されたとして、地元業者らに約一〇億円の損害賠償を求めた訴訟で、最高裁第一小法廷（金築誠志裁判長）は二一日、原告敗訴とした二審・札幌高裁判決を破棄、審理を高裁に差し戻した。判決は「違法な出店妨害」と判断した。

この訴訟では最高裁が〇七年にも差し戻し判決を言い渡しており、二度にわたって審理がやり直される異例の裁判となった。

原告側が九九年に新店舗建設目的で土地を購入、地元業者らは近くに公園を建設して社会福祉法人に寄付した。公園が先に設置認可を受けたため、「公園から一〇〇メートル以内での営業は認めない」と定めた条例により出店が許可されなかった。

〇〇年に提訴した原告側は一審で勝訴したが、二審で逆転敗訴。最高裁の一回目の判決（〇七年）は「違法な出店妨害」と判断したが、差し戻し後の札幌高裁判決

（〇九年）が「公園を寄付した主な目的は福祉事業への協力」として再び原告敗訴とした。

今回の判決で小法廷は「寄付の主目的は出店妨害」と判断。差し戻し審で賠償額を算定するよう命じた。原告側は公園の寄付を受けた社会福祉法人にも賠償を求めたが、「積極的な加担はしていない」と退けた。

まず、「公園の一〇〇メートル以内では営業は認められない」という条例の記述があるが、たった一〇〇メートルなのか、というのが正直な感想である。

普通の常識ならば、少なくとも賭博場は、公園から一キロ以上の距離をとってしかるべきではないかと思う。

だが、この記事からは分かりにくいが、この訴訟自体は、どっちもどっちである。「地元業者」というのはパチンコ店のことで、つまり、同業のライバル店の開業を止めるために、わざわざ公園を作ったわけだからである。つまり、裏を返せば、公園を作って寄付しても、ライバル店が出現するより得になるというのだから、パチンコ店はそれだけ儲かるということを、自ら証明したようなものである。

大阪市の問題でも見てきたように、役人も裁判官も市民のために機能していない。業者のために存在している図式が見えてくる。法律的には合法だから、市民の陳情は歯牙《しが》にもかけないのであれば、市民のための役人とは言いがたい。

ましてや、タテマエは合法でも、実際には違法行為がまかり通っていることを知らない者はない。常識や良識というものが存在しなければ、社会は崩壊する。

元警視総監が会長を務める「保通協《ほつうきよう》」とは？

パチンコが日本で禁止できない理由は数多いものの、避けては通れないものに警察官僚の天下りの問題がある。

その天下りの実態を検証してみたい。まず、パチンコ業界の関連団体としておもだったものを、次に挙げてみよう。

保通協（財団法人保安電子通信技術協会）

警察庁の外郭団体として組織された一九八二年設立の団体で、国家公安委員会の委託を受けて、パチンコ・パチスロなどの遊技機の型式試験・検査を行なう組織である。すべてのパチンコ・パチスロの機械は、この組織の試験に合格しなければ市場に出ることはない。

保通協は警察傘下の財団で、それ自体が規則を決めたりする権限はない。しかし、多額の検査料が入ってくる。一機種審査するのに、パチンコ機で一五二万円。パチスロ機で一八一万円と言われている。

最近は、とくにパチンコ台の代替サイクルが速くなっている。保通協には、検定料だけで年間一〇億円以上の莫大な金が入ることになる。それも、競争相手のない独占なのである。

日電協（日本電動式遊技機工業協同組合）

一九八〇年設立。パチスロメーカーの組合。メーカーと行政との調整、指導、連絡窓口としての役割を担《にな》う。型式試験合格機に対する封印。証紙の貼付作業等の業務を行なう。サミーをはじめ大手パチスロメーカー二八社が加盟している。

日工組（日本遊技機工業組合）

パチンコメーカーの組合。一九六〇年に前身である「全工連」を解消し、六〇社で「日本遊技機工業協同組合」を設立。一九六三年に五四社で現在の「日本遊技機工業組合」に改組。その後改組を繰り返し現在に至る。三四社が加盟している。

日遊協（社団法人日本遊技関連事業協会）

パチンコホール、メーカー、景品卸業者、その他関連会社などが参加する唯一の業界横断的組織。公益法人として一九八九年に認可された。業界の近代化、健全化を目指し、不法防止の観点から遊技業販売業者登録、遊技機取扱主任者講習・試験・店長講習などを行なっている。

全日遊連（全日本遊技事業協同組合連合会）

各都道府県の警察本部単位で作られた、パチンコホールの組織である遊技事業協同組合の連合体。一九九二年に法人化し、全国約一万七〇〇〇店を統轄する。基本的には、すべてのパチンコホールが加盟している。なお、日遊協と全日遊連の会員は重なることがある（日遊協の会員はほとんど全日遊連の会員）。

回胴遊商（回転式遊技機商業協同組合）

一九九八年設立。パチスロの販売、流通面の健全化を目的に設立されたパチスロ販売商社の団体。一九九四年に設立された任意団体「回胴式遊技機販売商業会」が所管官庁である「関東通産局」の認可を受け、「事業協同組合」としての法人格を取得したのにあわせて、名称を変更した。三六九社が加盟している（回胴式とはパチスロのこと）。

このように、パチンコ業界には、やたらと組合や、協会が多い。

その中の「保通協」については先にも紹介したが、その役員を調べてみると、二〇一〇年七月一日現在、会長の吉野《よしの》準《じゅん》氏は元警視総監である。警視総監とは、警視庁警察官の階級として最高位である。警視庁の元トップが、パチンコ業界に天下りしている。専務理事の都甲洋史氏は元警察庁情報通信局長である。常務理事の柳澤昊氏は元福岡県警本部長。同じく常務理事の武市一幸氏は元警察庁情報通信局長である。

保通協は、本部事務所を墨田区太平《たいへい》に置き、パチンコ機やパチスロ機の試験や検定を行なう組織である。先にも記したように、試験検定料はパチンコ機で一機一五二万円、パチスロ機で一八一万円とホームページには記載されている。これで儲からないほうがおかしい。

二〇〇九年度の型式試験申請書受理件数を調べてみると、パチンコ遊技機六七二件（前年比一三六件増）、回胴式遊技機（パチスロ）は七八六件（前年比四五件減）となっている。

これに、パチンコやパチスロの試験検定料をかけてみれば、おのずと収入が明らかになる。

保通協の検査を通らなければ、パチンコ機もパチスロ機もパチンコ店には流れない。もっとも、保通協の試験に合格しても、さらに各都道府県の公安委員会の検定を受けなくてはならない。

保通協は、パチンコ機、パチスロ機のメーカーにとっては、頭の上がらない組織なのである。その組織の幹部には、元警察幹部が天下りしている。さらにはパチンコ機のメーカーにも、天下りが行なわれている現実がある。

警察官が生活安全課に行きたがる理由

天下りは、元警視総監などの幹部クラスだけではない。パチンコ店に関しては、もっと階級が下の警察官にも及んでいる。筆者の自宅近くのパチンコ店には、警察署長の次の、副署長が天下りしていたのを目撃している。

警察OBは、全国都道府県それぞれ、平均すると一つの県で、一〇〇〇人は下らない数の天下りがあるといわれている。天下り先もパチンコ店に始まり、パチンコ店の組合（この組合がやたら多い）、景品会社など、多岐にわたっている。

末端の警察官の間では、生活安全課に行きたがる傾向がある。なぜかと言えば、生活安全課は、質屋や古物商、風俗営業、銃砲刀剣などの取締りが担当で、パチンコ店の担当でもあるからである。

風営法となれば、パチンコ店もその対象となるので、営業許可から、店に設置されたパチンコ台に違法性がないかどうかを生活安全課が見ることになる。

パチンコ店には、警察の生活安全課を接待する係を置いている店も少なくない。下のクラスの警察官にとっては、生活安全課は美味《おい》しい部署なので、みんな生活安全課に行きたがるのである。飲み食いの接待は当然のことながら、海外旅行の接待もあるという。当然、現ナマもあると思うのが普通の感覚である。

警察署長が、三回転勤すると家が一軒建つという話もある。転勤のときに、業者への挨拶回りをすると多額の餞別《せんべつ》が入るからである。筆者の友人の親戚に、現職の警察官がいて、直接聞いた話では、景気のよいパチンコ店では、餞別に五〇万円包む社長もいるそうである。

もちろん、餞別をくれるのはパチンコ店ばかりではないが、パチンコ屋は儲かっているから、気前よく餞別を出す。警察のご機嫌を取らなくては後が怖い。実際に沖縄で、一五店舗のチェーン店を経営していた会社が、営業停止を食らって廃業に追い込まれたケースがある。

当時地元では、そのチェーン店は、上納金をケチったのではないかと噂されたということである。そのチェーン店は裏ロムで摘発されたのだが、それは多くの店がやっていることであって、それでも他では摘発された例はなかった。そのあまりの処分の早さと厳しさが不思議がられたものである。

パチンコ店の経営者も、警察の顔色を窺わなくては商売ができない業種だから、その点での苦労は絶えることがない。

パチンコ、パチスロ機の検定は保通協が行ない、営業してからの取締りは、所轄署の生活安全課が行なう。要するに、上から下まで、パチンコ業界に関しては警察が全部握っているのである。パチンコ店は、警察には絶対に逆らえない。

民主党の山田議員の国会での質問に、国家公安委員長がオドオドして、怯えたような表情で答弁していたのは、警察がこういう弱みを握られているからだと推測できるのである。

北朝鮮への献金の実態とは？

パチンコ店に関しては、経営者の八割を韓国、北朝鮮系が占め、残り二割が台湾と日本人といわれている。なかでも北朝鮮系経営者の占める割合が大きい。北朝鮮の出先機関と言ってもよい「朝鮮総連」は、直接パチンコ店も経営している。現在は、直営店は二〇店舗ほどである。

バブルのころには、年間四億ドル、日本円にして約六〇〇億円が北朝鮮に送金されたと言われる。ニューヨークの新聞に、日本のパチンコマネーが、北朝鮮のテポドンや核兵器の開発に使われている、と報道されたことがあった。

しかし、日本の長びく不況などもあって、現在では北朝鮮への送金は、三〇億円ぐらいだとする説が強い。それにしても少なくない額で、拉致問題の解決が遠のいている現在でも、北朝鮮への送金がなされている現実があり、その業界を国会議員が与野党ともに応援している図式は、何とも理解できないものがある。

政治家がらみの醜聞は、この業界にかぎり、あまり表に出ない。八九年にプリペイドカード（ＣＲ）の導入を阻止するために、業界は社会党に多額の献金をしたとして、当時の土井《どい》たか子委員長が袋だたきにされた。

もちろん、自民党にも献金が行なわれていて、当時の献金額は、海部俊樹《かいふとしき》首相など自民党に約一億円、社会党には八〇〇万円だった。それにもかかわらず、CR機が導入され、以来、パチンコに関しては、政治家たちはあまり役に立たないと見られているようである。実際に、CR導入のときに業界が反対して、いろいろ工作したのに、自民党も、社会党も、政治家は何の役にも立てなかった現実があった。

現在では、民主党や自民党の政治家が、せいぜい、パチンコチェーンストア協会のアドバイザーとして、業界の用心棒を引き受けている程度なのである。これだけの数の政治家が、こちらには味方になっているぞ、というハッタリに使われていると見る。

パチンコ業界は、政治家よりも、警察との連携に全精力を注いだほうが、より確実な成果に結びつくようである。

パチンコ議員のいない社民党党首に取材

二〇一〇年十月初め、パチンコ議員が一人もいない「社会民主党」の福島瑞穂《ふくしまみずほ》党首に取材をお願いした。

福島党首は、政治家らしからぬ人柄で、邪心のないお顔と拝見した。「この仕事は、邪心を持てば勤まりません」とのことであった。

パチンコ議員が一人もいないことについては、「禁止令は出していませんが、それぞれの議員が良識で判断されていると思います」とのお返事だった。

社会党時代の八〇年代に、パチンコ業界からの献金で騒がれたこともあった。それについては「現在の社民党は、企業献金の禁止を掲げているので、あのころのイメージを払拭したい」との答えが返ってきた。

現在のパチンコに関しては、「鳩山内閣の大臣のころ、自殺者を減らすことに取り組んできた経緯があり、パチンコによる、借金や自殺者など事件の発生には心を痛めているので、何とか使う金額を減らせる手立てがないものか、考えている」。

筆者が唱えているパチンコの全面禁止に関しては、「社民党としては、個人の趣味嗜好の問題もあり、そこまで踏み込むことは考えていない」。

今話題になっているカジノ法案に関しては、反対の意向を示した。

普天間の問題などもあり、沖縄にはとくに思い入れがあり、人情豊かで、食べ物の美味しい、綺麗なゆったりした海のある沖縄には、カジノはふさわしくないと熱く語った。

物やお金の問題ではなく、心豊かに、助け合って生きていく社会こそが豊かな社会ではないかという意見に、筆者もまったく同感である。

筆者も、ことあるごとに、小泉政治がもたらした弊害を批判しているが、パチンコの問題にしても、国民は「正気を取り戻さなくてはいけない」と訴えてきた。

古い歌の歌詞に「友を選ばば書を読みて、六分の俠気四分の熱」という表現がある。女性にはふさわしくない言葉かもしれないが、福島党首には、六分の俠気を感じさせるものがあったと書けば、肩の持ちすぎであろうか。ちなみに筆者にはこれまでも述べてきたとおり支持政党はなく、社民党支持でもないことは申し添えておく。

ただパチンコに関しては、与野党ともにパチンコ議員が跋扈《ばっこ》している現状では、パチンコ議員が一人もいない社民党は貴重な政党になってきている。次にはぜひ、パチンコ禁止に踏み込む姿勢を期待したいものである。

規制をかいくぐって生きのびるパチンコ業界

現段階でのパチンコ業界に言及しておこう。業界もけっして楽ではない。倒産する店も多く、売上げもピーク時よりは落ちてきている。最大の原因は、パチスロ「爆裂機」の規制にあることは、これまで何度も指摘してきたとおりである。

そもそも二〇〇二年六月に発売された問題のパチスロ機『ミリオンゴッド』が、なぜ認可されたのか、疑問点は多い。

この爆裂機では、多くの被害者が出ている。一回で一〇万円、二〇万円負けるのは普通であった。お金さえあれば、三〇万円以上負けることも珍しくはなかった。逆に、一〇〇万円以上勝つこともあった。

結局、世論の批判に負けて『ミリオンゴッド』は、同じ爆裂機の『サラリーマン金太郎』や『アラジンA』と一緒に〇四年七月認定取消となった。

その後、パチスロ機には爆裂機は認可されていない。

一方で最近、パチンコ台のほうは、一日一〇万円以上負ける機種が多くなっている現実がある。現在「日工販」では、二〇〇五年の内部規制で、投資金額における抽せん確率四〇〇分の一という規制を設けており、それ以上の確率のパチンコ機は出していない。

しかし、三九九分の一であればOKとなる。最近は、小当たりなるものの機械が出現して、小当たりも大当たりとしてカウントされるので、騙されるケースが多い。業界も、やり方がだんだん巧妙になっている。

パチンコ機も、確率を下げて二〇〇分の一をリミットとして、遊びの台にすれば、まだまともな社会になると思うのだが。

現在の規定では、パチスロ機を厳しくする代わりに、パチンコ機の規制を緩くして、巧妙にバランスを取っているのである。最近、パチンコ機で大負けする被害が多いのは、そのあたりの方針から発生していると考えられる。

スロットでむしり取れなくなった分、パチンコで身ぐるみ剝《は》がす作戦が見えてくる。業界は、パチンコ台のほうでがっぽりいただくつもりのようである。

業界には広告の自主規制というものがあり、それによると、「等価交換」などの換金率を謳《うた》ってはいけないことになっている。

「設定6」「甘釘大解放」など、高い出玉率を示唆する表現も違法となっている。

警察庁は、大量出玉を示唆する表現も違法と言う大まかなガイドラインをパチンコ業界や、都道府県警察本部へ示してきた。

○七年に島根県の遊技業協同組合で、新聞の折り込み広告などを自粛したことがあった。しかし、現在では元に戻っている。

パチンコ業界も、たしかに苦しくなってきている。

パチンコ屋を大得意としていた銀行やリース会社は○七年に倒産が相次いだため、貸し渋り状態となりつつある。しかし、不況で借り手が減っている経済状況では、銀行もパチンコ屋を切ることはできるわけがない。

長年の腐れ縁もあり、簡単にはパチンコ業界に対して、厳しい姿勢を取ることはできないだろう。

法律でパチンコが禁止できないのならば、銀行が融資をストップすればいいのである。これほど効果がある方法はない。融資を厳しくすれば、当然のことながら経営は苦しくなる。融資をストップすることが、パチンコ店を減らすには最善の方法なのかもしれない。

しかし反面、内部留保の厚いパチンコ店は、融資がなくてもやっていける。財務内容のよい一部パチンコ屋だけが高笑いすることになれば、これまた考えものではある。

韓国にできて日本にできないという恥辱

ともあれ、つまるところ、パチンコは全面的に禁止するのが筋なのだ。国民の幸せと、国家の行く末を考えたら、一日も早くパチンコは禁止するべきなのである。

韓国がパチンコを禁止できて、韓国よりも被害が大きい日本が、なぜ禁止できないのか。原因はこれまで記してきたように多岐にわたっていて一筋縄ではないが、日本人が、とくに政治家が、真心を失っているからだと確信している。

党利党略、派利派略、個利個略に走る政治家があまりにも多すぎる。党利党略ならばまだ救われる部分がある。最近は、個利個略にばかり走る国会議員が多くなった。パチンコの問題に関してみれば、日本の政治家は、テレビのニュースも新聞も見ていないのでは、と心配になるほどである。

少なくとも、テレビや新聞では、パチンコによる悲惨なニュースが絶えることなく報道されている。母親殺し、放火殺人、強盗殺人など、パチンコが原因の悲惨な事件は、それこそ枚挙にいとまがない。

しかし、日本の国会議員は無関心なのである。日本では、なぜパチンコが禁止できないのかの問題の行きつく先には、真心を失った国民の問題が見えてくるのである。

自分さえよければ、人のことはどうでもよい。この姿勢が蔓延した結果、パチンコの被害にも関心を持たなくなり、違法がまかり通る世の中になっている。

庶民は、パチンコ行政に疑問を持っていても、訴えるすべはない。意見を発する機会は少ない。ネットの書き込みを見ると、パチンコを禁止するべきとの意見で溢れている。

庶民は、正常な感覚を失っていないのである。政府は、庶民の声に謙虚に耳を傾けるべきである。このままでいいわけはない。

韓国でパチンコを禁止できて、日本では放置され続け、多くのパチンコ依存症による被害者が無視され、犯罪の多発や、自殺者増加の原因にもなっている。

韓国は、実に迅速に手を打ちパチンコを禁止している。この事実は真摯に受け止めるべきなのである。

参考文献

『電通の正体』『週刊金曜日』取材班　金曜日刊
『パチンコ業界タブーと闇の彼方（月刊紙の爆弾別冊二〇〇九年十二月号）』鹿砦社刊
『週刊東洋経済（二〇一〇年七月三十一日号）』東洋経済刊

切りとり線

★読者のみなさまにお願い

この本をお読みになって、どんな感想をお持ちでしょうか。祥伝社のホームページから書評をお送りいただけたら、ありがたく存じます。今後の企画の参考にさせていただきます。また、次ページの原稿用紙を切り取り、左記まで郵送していただいても結構です。

お寄せいただいた書評は、ご了解のうえ新聞・雑誌などを通じて紹介させていただくこともあります。採用の場合は、特製図書カードを差しあげます。

なお、ご記入いただいたお名前、ご住所、ご連絡先等は、書評紹介の事前了解、謝礼のお届け以外の目的で利用することはありません。また、それらの情報を6カ月を超えて保管することもありません。

〒101―8701（お手紙は郵便番号だけで届きます）
祥伝社新書編集部
電話03（3265）2310
祥伝社ホームページ　http://www.shodensha.co.jp/bookreview/

★本書の購買動機（新聞名か雑誌名、あるいは○をつけてください）

＿＿＿＿新聞の広告を見て	＿＿＿＿誌の広告を見て	＿＿＿＿新聞の書評を見て	＿＿＿＿誌の書評を見て	書店で見かけて	知人のすすめで

★100字書評……なぜ韓国は、パチンコを全廃できたのか

名前

住所

年齢

職業

若宮　健　わかみや・けん

1940年秋田県生まれ。ジャーナリスト。トヨタ自動車に19年勤務。営業マン13年の実績から、トヨタ本社より新車1000台販売の表彰を受ける。独立後、自動車販売会社、損保代理店の経営、タクシードライバーなどを経て、著述、講演に活躍。著書に『タクシードライバー千夜一夜物語』『失敗から学ぶ』など。早くからパチンコ問題に取り組み、いち早く韓国のパチンコ全廃をレポートした。『打ったらハマるパチンコの罠』(PART1、PART2) が評判を呼ぶ。
http://www.wakamiyaken.jp/

なぜ韓国《かんこく》は、パチンコを全廃《ぜんぱい》できたのか

若宮《わかみや》　健《けん》

2010年12月10日　初版第１刷発行
2011年３月15日　　　第９刷発行

発行者……………竹内和芳
発行所……………祥伝社しょうでんしゃ
〒101-8701　東京都千代田区神田神保町3-6-5
電話　03(3265)2081(販売部)
電話　03(3265)2310(編集部)
電話　03(3265)3622(業務部)
ホームページ　http://www.shodensha.co.jp/

装丁者……………盛川和洋
印刷所……………萩原印刷
製本所……………ナショナル製本

造本には十分注意しておりますが、万一、落丁、乱丁などの不良品がありましたら、「業務部」あてにお送りください。送料小社負担にてお取り替えいたします。

Printed in Japan　ISBN978-4-396-11226-4　C0295

〈祥伝社新書〉

本当の「心」と向き合う本

076
早朝坐禅 凛《りん》とした生活のすすめ
坐禅、散歩、姿勢、呼吸……のある生活。人生を深める「身体作法」入門！
宗教学者 **山折哲雄**

188
歎異抄《たんにしょう》の謎《なぞ》 親鸞をめぐって・「私訳 歎異抄」・原文・対談・関連書一覧
親鸞は、本当は何を言いたかったのか？
五木寛之

183
般若心経入門 276文字が語る人生の知恵
永遠の名著、新装版。いま見つめなおすべき「色即是空」のこころ
松原泰道

197
釈尊のことば 法句経《ほっくきょう》入門
生前の釈尊のことばを423編のやさしい詩句にまとめた入門書を解説
松原泰道

204
観音経入門 悩み深き人のために
安らぎの心を与える「慈悲」の経典をやさしく解説
松原泰道

〈祥伝社新書〉
中国・中国人のことをもっと知ろう

060
沖縄を狙う中国の野心 日本の海が侵される
「沖縄は、中国の領土である」――この危険な考えをあなたは見過ごせるか？
ジャーナリスト 日暮高則

088
司法通訳だけが知っている 日本の中国人社会
日本で働く中国人たちは、驚くべきネットワークでつながっていた！
ジャーナリスト 森田靖郎

113
これが中国人だ！ 日本人が勘違いしている「中国人の思想」
漢民族はいったい何を考えているのか？ その行動原理を歴史から証明する！
元慶應高校教諭 佐久協《やすし》

119
「チベット問題」を読み解く
日本人にとって、「チベット問題」は最も学ぶことの多い国際問題！
松蔭大学教授 大井功

144
なぜ、中国は「毒食」を作り続けるのか
中国人を熟知する著者が、その発生メカニズムと病理を検証！
作家 有本香

〈祥伝社新書〉
日本史の見方・感じ方が変わった!

038
龍馬の金策日記
維新の資金をいかにつくったか
革命には金が要《い》る。浪人に金はなし。えっ、龍馬が五〇両ネコババ?
歴史研究家 竹下倫一《ともかず》

068
江戸の躾《しつけ》と子育て
教育、遊び、子育てをめぐる「しきたり」……もうひとつの江戸文化を紹介!
作家 中江克己

101
戦国武将の「政治力」
現代政治学から読み直す
小泉純一郎と明智光秀は何か違っていたのか。武将たちのここ一番の判断力!
作家・政治史研究家 瀧澤 中《あたる》

127
江戸の下半身事情
割床《わりどこ》、鳥屋《とや》、陰間《かげま》、飯盛《めしもり》……世界に冠たるフーゾク都市「江戸」の案内書!
作家 永井義男

143
幕末志士の「政治力」
国家救済のヒントを探る
乱世を生きぬくために必要な気質とは?
作家・政治史研究家 瀧澤 中

〈祥伝社新書〉
現代を問う話題の布陣

190
発達障害に気づかない大人たち
ＡＤＨＤ・アスペルガー症候群・学習障害……全部まとめてこれ一冊でわかる！
福島学院大学教授 星野仁《よし》彦《ひこ》

192
老後に本当はいくら必要か
高利回りの運用に手を出してはいけない。手元に１０００万円もあればいい。
経営コンサルタント 津田倫《みち》男《お》

205
最強の人生指南書
佐藤一斎「言志四録」を読む
仕事、人づきあい、リーダーの条件……人生の指針を幕末の名著に学ぶ
明治大学教授 齋藤 孝

218
人類を幸せにする国・日本
日本人だけが知らない、世界を変えた技術と発想
作家 井沢元彦

223
尖閣戦争
米中はさみ撃ちにあった日本
日本を代表する論客と、気鋭の中国ウォッチャーによる白熱の対論
西尾幹二
青木直人